Auf Gottes Stimme hören

WerkstattBibel

Herausgegeben von
Bibelpastorale Arbeitsstelle SKB, Zürich
wtb. Deutschschweizer Projekte Erwachsenenbildung, Zürich

Redaktionskreis
Dieter Bauer, Brigitte Schäfer, Angela Wäffler-Boveland, Peter Zürn

Band 13

Brigitte Schäfer (Hrsg.)

Auf Gottes Stimme hören

Lebensimpulse aus der Welt der Träume

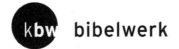

Die Deutsche Bibliothek – CIP-Einheitsaufnahme

Ein Titeldatensatz für diese Publikation ist bei der Deutschen Bibliothek erhältlich.

Alle Rechte vorbehalten
© 2009 Verlag Katholisches Bibelwerk GmbH, Stuttgart
Umschlaggestaltung: ABSICHT AG, Stuttgart
Druck: in Europa

ISBN 978-3-460-08513-8
www.bibelwerk.de

Inhaltsverzeichnis

I. Bibeltheologische Einführung

1 Lebensimpulse 10

2 Traum und Träumen 11
   Was beim Träumen geschieht
   Traumsprache
   Traumgedanke und Trauminhalt

3 Wegmarken der Erinnerung 15

4 Traum und Religion 17

5 Träume im Alten Testament und seiner Umwelt 18
   Sprachliches
   Träume sind von Gott geschickt
   Träume an bestimmten Orten
   Anweisungen Gottes im Traum
   Traumdeutung
   Der Traum als Offenbarungsmedium
   Träume lassen aufschrecken
   Der Traum als das Flüchtige
   Diskussionen um den Traum als Offenbarungsmedium
   Die philosophische Sicht

6 Träume im Neuen Testament und seiner Umwelt 31
   Traumglauben in neutestamentlicher Zeit
   Skepsis und Distanz zum Traum
   Gott kann auch durch Träume führen

7 Frauen und Träume – Frauenträume 33

II. Methodische Einführung

1 Modellieren – eine alte Kulturtechnik 36

2 Einsatz und Ablauf der Methode 38

3 Praktische Hinweise 40
  Planung einer Kursreihe
  Raum
  Material
  Zeit
  Voraussetzungen bei der Leitung
  Texte

III. Bibelarbeiten

1 Sein wie Träumende (Ps 126) 44
  Katharina Funk, Hanspeter Köhle und Johanna Scheifele

2 Dieser Baum bist Du! (Dan 4) 52
  Dieter Bauer, Katharina Funk und Christina Kiener

3 Hört nicht auf Träume! (Jer 23,25-32) 61
  Hanspeter Köhle, Chow-Ming Lutz und Klaus Sorgo

4 Träume zeigen Besonderes (Gen 37,2-11) 69
  Christina Kiener, Brigitte Schäfer und Regina Strubel

5 Träume als Wegzeichen (Mt 1,18-25; 2,13-23; 27,11-26) 77
  Thomas Bär, Verena Hartmann und Vreny Wyss

6 Der Ruf Gottes (1 Sam 3,1-18) 86
  Sidonia Kasper, Thomas Portmann, Vreni Wyss und Peter Zürn

Weiterführende Literatur 94

Buchreihe WERKSTATTBIBEL 96

Vorwort

Wie können wir auf Gottes Stimme hören? Und wie können wir sicher sein, dass es wirklich Gottes Stimme ist? Solche Fragen beschäftigen Christinnen und Christen heute genauso wie Menschen in biblischer Zeit.
In der Bibel offenbart sich Gott den Menschen auf unterschiedliche Weise (Hebr 1,1). Eine Möglichkeit sind Träume. Nachts im Schlaf ruhen die Gedanken, die wir uns selber machen und die Gefühle, die wir uns erlauben. Dann sind unsere inneren Ohren offen für die Stimme, die tagsüber untergeht, und unsere inneren Augen sehen, was wirklich ist oder was sein könnte. Träume ermöglichen uns einen anderen Zugang zu uns selbst, zu verborgenen Gefühlen, zu verbotenen Wünschen, zu verpassten Möglichkeiten, zu geheimen Lebensplänen, zu unserem eigentlichen Wesen.
Aber lassen sie uns wirklich Gottes Stimme hören?
Die Beschäftigung mit biblischen Texten kann diese Frage nicht endgültig beantworten. Denn auch in der Bibel bleibt sie offen. Die Bibel spiegelt das Suchen und Ringen um das Hören der Stimme Gottes. Und manche Geschichten berichten davon, dass sie dort erklingt, wo wir sie nicht erwarten – nicht im Sturm, nicht im Erdbeben, nicht im Feuer, sondern im leisen Flüstern, wie der Prophet Elija am Berg Horeb erfuhr (1 Kön 19). Die Auseinandersetzung mit den Träumen in der Bibel schließt uns mit ein in die Gemeinschaft der Suchenden und Horchenden. Sie macht uns aufmerksam auf diese eine Möglichkeit, Gottes Stimme zu vernehmen, und warnt uns gleichzeitig davor, zu glauben, wir hätten nun die sichere Frequenz gefunden, die es nur noch anzuwählen gälte.

Träume können nur dann zu einem Lebensimpuls werden, wenn es gelingt, sie mit der Wachwelt in Verbindung zu bringen. Für die Beschäftigung mit diesem flüchtigen und luftigen Thema haben wir deshalb eine „handfeste" Methode gewählt, die uns mit der Erde als unserem Grund in Verbindung bringt: das Modellieren. Während wir einen Klumpen Ton oder eine andere Knetmasse in den Händen halten, unsere Finger hineindrücken und spüren, wie sich eine Form ergibt, die sich ständig wandelt, können unsere Gedanken schweifen, unsere Gefühle fließen, unsere inneren Ohren hören und unsere inneren Augen sehen, ohne dass wir den Kontakt verlieren mit der realen und materiellen Welt, in der

wir leben. Manches, was sich in unserem Inneren bewegt, kann so eine Gestalt annehmen und lässt sich damit klarer von außen betrachten.
Erst beim Nachforschen darüber, wie die Menschen zur Zeit der Bibel mit ihren Träumen umgegangen sind, haben wir festgestellt, dass auch sie auf diese Methode zurückgriffen: Im assyrischen Traumbuch wird der Träumer angewiesen, seinen schlechten Traum einem Lehmklumpen anzuvertrauen, der anschließend ins Wasser geworfen und so aufgelöst wird.

Mein herzlicher Dank geht an die Mitglieder der Projektgruppe, die ihre Experimentierfreude, Fantasie und Arbeitskraft diesem Buch zur Verfügung gestellt haben:

Thomas Bär
Dieter Bauer
Renate Bilinski
Katharina Funk
Verena Hartmann-Roffler
Sidonia Kasper
Christina Kiener
Hanspeter Köhle
Chow-Ming Lutz-Ewan
Rosi Odesti
Thomas Portmann
Johanna Scheifele
Klaus Sorgo-Flury
Regina Strubel
Vreni Wyss
Peter Zürn

Luzern, im November 2008

Brigitte Schäfer

I. Teil

Bibeltheologische Einführung

1 Lebensimpulse

Der Traum ist ein virtuoser Kombinierer unserer seelischen Grundtatsachen. Wie in einem Schüttelbecher wirft er sie durcheinander. Dann, wenn die festen Ordnungen des Bewusstseins aufgelöst sind, geleitet durch den kreativen Entwicklungstrieb, ordnet er sie in einem komplexen Spiel neu, allerdings in Fantasien von Bildern. Er schafft in der bloßen Vorstellung ein neues psychisches Gleichgewicht: in Entwicklungsmustern, die meist noch zusätzlicher Aktivierung im Wachzustand bedürfen. Er verarbeitet selektiv unzählige Informationen, entsprechend dem Vorrat an kodierten Informationen im Zentralnervensystem. Schließlich verdichtet er das Ganze zu einem neuen Lebensimpuls.
(Peter Schellenberg)

Alle Menschen träumen, auch wenn manche es nicht wahrhaben wollen und viele sich nicht daran erinnern. Im Traum sind wir in unserer ganz eigenen Welt, die wir mit keinem anderen Menschen teilen. Wenn wir über unsere Träume nachdenken und mit anderen darüber reden, versuchen wir, zwischen der Traumwelt und der Wachwelt Verbindungen zu sehen. Aus diesen Deutungen schließlich leiten wir vielleicht Handlungen ab, ziehen Konsequenzen.
Träume führen uns also zunächst in unser ganz privates Inneres. Gleichzeitig verbindet uns die Tatsache, dass wir träumen, und die Art, wie wir unser Träumen erleben, nicht nur mit den Menschen aller Völker und Kulturen, sondern auch mit den Menschen aller Zeiten über Jahrhunderte hinweg.
Wenn es hier in diesem Büchlein um Träume in der Bibel geht, gehen wir nicht von den Träumen selbst aus, sondern von Texten, die von Träumen handeln. Die Träume der biblischen Menschen bleiben uns unzugänglich, ebenso ihre unmittelbaren Traumerzählungen. Was wir in der Bibel an Träumen, Traumerzählungen und Traumdeutungen lesen, ist literarisch gestaltet und konstruiert und wir können uns jeweils fragen: Warum wird gerade hier ein Traum erzählt?
Wo in der Bibel Träume vorkommen, geht es um die Kommunikation zwischen Gott und einzelnen Menschen, um das Erkennen von Gottes Plänen, das Erkennen einer Wahrheit, die hinter der Realität steht und in diese hineinwirken soll. Wenn wir heute versuchen, unsere eigenen Träume als Lebensimpulse fruchtbar zu machen, sind wir gar nicht so weit weg von den biblischen Menschen, die darin die Stimme Gottes vernahmen.

2 Traum und Träumen

Ich träumte
Dass mein Traum kam
Er sagte:
Träume schon endlich!
Ich sah ihn an:
Was? Dich?
Nein, dich!
Sonst gibt es dich nicht.
(Erich Fried)

Heute sind es vor allem Psychotherapie und Neurowissenschaften, die sich mit Träumen beschäftigen. Während letztere aufzeigen, was in unserem Körper vorgeht, während wir schlafen und träumen, entwickelt erstere Formen, um Träume so zu bearbeiten, dass sie heilend und entwicklungsfördernd wirken. Manchmal schwingt dabei sogar eine diffuse religiöse Bedeutung mit, die in unserer modernen Kultur nicht mehr so selbstverständlich mit Träumen verbunden ist.

Was beim Träumen geschieht

„Träumen ist die psychische Aktivität während des Schlafes"[1], so wird in der Wissenschaft heute ganz allgemein definiert. Wenn wir träumen, erleben wir uns ganzheitlich, mit Sinneseindrücken, Gefühlen und Gedanken, ähnlich wie im Wachzustand. Unser Hirn ist aktiv, während Sinneseindrücke „von draußen" es nur reduziert erreichen und die motorische Aktivität ruht. Ebenfalls gehemmt sind die Hirnbereiche, die für kausale Verbindungen von Gedächtnisinhalten zuständig sind, sodass die gewohnten Kontinuitäten von Zeit und Ort in Träumen aufgehoben werden. Wirklich träumen können wir nur im Schlaf. Der Schlafzustand schützt den träumenden Menschen davor, mit dem, was sich in seinem Inneren entwickelt, unvermittelt und unvorbereitet nach außen zu treten. Im Traum können wir uns darum leisten, Dinge zu tun oder wahrzunehmen, die wir uns in der Wachwelt nicht erlauben könnten. Was dabei physiologisch in unserem Körper geschieht, wie sich etwa Gehirnströme, Augenbewegungen und Herzschlag verändern, kann mit modernen Aufzeichnungsgeräten im Schlaflabor gemessen werden. Was

---
[1] SCHREDL, S. 9

wir dabei erleben, welche Gefühle und Gedanken das Träumen beinhaltet oder bewirkt, ist auch für die Wissenschaft nur über unsere Erzählung zugänglich.

Dass träumen für unsere Gesundheit und psychische Stabilität wichtig ist, zeigen Laborexperimente, in denen Schlaf und Träumen eingeschränkt werden. Wir träumen nicht, wie man zunächst glaubte, nur in bestimmten Schlafphasen, vielleicht träumen wir sogar während des ganzen Schlafes. Zur Frage, warum wir als Menschen offenbar träumen müssen, gibt es unterschiedliche Vermutungen.[2] Die Traumforschung bestätigt jedenfalls, was Carl Gustav Jung schon feststellte[3]: Träume können für sich schon heilend wirken, unabhängig davon, ob sie erinnert, erzählt und gedeutet wurden. Im Traum werden – nicht anders als im Wachzustand oder beim Tagträumen, aber intensiver, da ohne bewusste Zensur – neuronale Verknüpfungen hergestellt. Gesteuert wird dieser Prozess von den Emotionen. Er hilft, Erlebnisse zu verarbeiten und zu integrieren. Zuerst ist also ein Gefühl, darum herum entstehen im Traum Bilder, Situationen, Geschichten. „Der Traum stellt die vorherrschende Emotion in einen Kontext".[4]

Die neurobiologischen Forschungen zeigen aber auch, dass in Bezug auf die Hirnaktivität der Unterschied zwischen dem, was wir als Wachzustand erleben, und den Träumen gar nicht so groß ist. Heute wird nicht mehr – wie zur Zeit Leonardo da Vincis – angenommen, die Realität werde andauernd mittels Sinnesorganen ins Gehirn projiziert. Das Gehirn als „funktionell relativ geschlossenes System" ist meist mit sich selbst beschäftigt, gleicht nur jeweils kurz Informationen von außen mit Erinnerungen ab und kehrt – wenn nichts Alarmierendes festgestellt wird – in sich selbst zurück. Im Schlaf findet dieses Abgleichen bloß reduziert statt und beschränkt sich auf die nicht-visuellen Sinne.

Traumsprache

In Träumen kann alles Mögliche und Unmögliche vorkommen. „Es ist, als ob wir im Schlaf das große Reservoir von Erfahrungen und Erinnerungen anzapfen, von dessen Existenz wir tagsüber nichts wissen."[5] Zeiten und Orte können durcheinandergeraten. Dennoch gibt es bestimmte Motive, die immer wieder vorkommen und dann auch – seit der Antike – Eingang finden in Bücher, die helfen sollen, den Träumen eine Bedeu-

---

[2] Siehe SCHREDL, S. 84
[3] Siehe JUNG, S. 33 und S. 146
[4] KAST, S. 47
[5] FROMM, S. 12

tung abzugewinnen. Diese Motive sind aber auch kulturabhängig. Die Traumforschung hat jedenfalls für bestimmte Tätigkeiten (z. B. Autofahren) einen Zusammenhang festgestellt zwischen der Ausübung in der Wachwelt und der Häufigkeit, mit der jemand davon träumt. Allerdings fällt auf, dass Menschen relativ selten von der Arbeit am Computer (und überhaupt von kognitiven Tätigkeiten wie lesen und schreiben) träumen, auch wenn sie den ganzen Tag damit verbringen.[6]
Auch in den biblischen Träumen – obwohl es ja literarische Träume sind – stammen die Traumbilder aus der Lebenswelt der Träumenden: Der Mundschenk träumt vom Wein und der Bäcker von Brot (Gen 40).
Trotz kultureller Unterschiede, sagt Erich Fromm, sind alle Träume in der gleichen Sprache geschrieben, der „einzigen universalen Sprache, die die Menschheit je entwickelt hat", einer Symbolsprache, die darum alle Menschen lernen sollten. „Die Symbolsprache ist eine Sprache, in der innere Erfahrungen, Gefühle und Gedanken so ausgedrückt werden, als ob es sich um sinnliche Wahrnehmungen, um Ereignisse in der Außenwelt handelte."[7] Diese Symbolsprache lässt sich nun aber auch nutzen, um „Wahrheiten" und Emotionen auszudrücken, die rational schwierig zu erfassen sind. Nicht nur Träume, sondern auch Mythen und Märchen, Poesie und andere Kunstwerke bedienen sich ihrer.
Nach der Tiefenpsychologie Jungs stammen die Symbole aus dem „kollektiven Unbewussten", einer psychobiologischen überpersonalen Grundlage der Menschen. Diese stellt archetypische Bilder zur Verfügung, die in jedem einzelnen Menschen wirksam sind. Archetypen beruhen auf Grunderfahrungen des Menschseins und sind mit Energien angereichert, sodass sie uns berühren und etwas in uns bewegen.
Ein Archetyp, der in biblischen Traumerzählungen oft vorkommt, ist der Engel. „Als Boten übergeben sie dem Menschen einen Auftrag, und mit diesem Auftrag auch die Energie, ihn auszuführen."[8] Die Gestalt eines Engels bedeutet psychologisch, „dass jemand der geheimen Führung seines eigenen Wesens innewird. Der ‚Engel' ist ... die Urgestalt der eigenen Person ... im Bild des ‚Engels' redet, theologisch ausgedrückt, Gott in der Gestalt des eigenen Wesens zum Menschen."[9]

---

[6] Siehe SCHREDL, S. 43
[7] FROMM, S. 14
[8] KAST, S. 115
[9] DREWERMANN, S. 509

Traumgedanke und Trauminhalt

Sigmund Freud, der um 1900 als erster Arzt seit der Antike den Traum und seine Deutung wieder als Heilmittel in die Medizin einführte, entdeckte, dass beim Träumen ein unbewusster Traumgedanke durch einen Vorgang, den er Traumarbeit oder auch Traumzensur nennt, in einen manifesten Trauminhalt verwandelt wird. Hinter jedem geträumten Traum steht also eine durch Bilder verschlüsselte Botschaft. Nach Freud beinhaltet diese Botschaft vor allem Gedanken und Wünsche, die im Wachzustand verdrängt wurden und die mit starken Emotionen verbunden sind. Die Deutung eines Traumes muss nun den umgekehrten Weg gehen und versuchen, vom geträumten Trauminhalt zum dahinter liegenden Traumgedanken, also zur eigentlichen Botschaft, vorzustoßen. Dabei leistet jedoch die Traumzensur Widerstand.

Diese Aufteilung in Traumgedanken und Trauminhalt ist bereits von Jung und nach ihm von manchen Psychoanalytikern kritisiert worden. Nach Jörg Lanckau ist sie jedoch für die Beschäftigung mit biblischen Träumen darum interessant, weil sich die Menschen im Alten Orient nicht für die Träume selber interessierten, sondern nur für deren Botschaft, den eigentlichen Traumgedanken, der allerdings nicht wie bei Freud als Ausdruck verdrängter Wünsche, sondern als Hinweis göttlicher Mächte aufgefasst wurde.[10] Die geträumten Träume mit ihren oft bizarren Bildern galten dagegen als gefährlich und ambivalent, darum wurden (oft auch in den biblischen Texten) nicht die gesamten Trauminhalte aufgeschrieben, sondern eine möglichst klare, eindeutige Version oder sogar nur noch die „reine" Botschaft als „Wort Gottes". Es galt in der Antike als unprofessionell, mehr über die Träume selber erfragen zu wollen, als für die Deutung der Botschaft unmittelbar nötig war: „Verabscheue diejenigen, die allzu große Rätsel in die Traumgesichte hineinlegen, als Leute, die keine Vorstellung von den Traumerscheinungen haben oder den Göttern Bosheit und Schlechtigkeit vorwerfen, wenn sie die Träumenden in ein derartiges Geschwätz verwickeln, sodass sie, statt die Zukunft durch die Traumgesichte zu erfahren, noch Dinge untersuchen müssen, die sie gar nichts angehen", so ermahnte der griechische Traumdeuter Artemidor aus Ephesus im 2. Jahrhundert n. Chr. seinen Sohn, der beruflich in seine Fußstapfen treten wollte.[11]

---

[10] Siehe LANCKAU, S. 24. Lanckau beruft sich dabei auf die umfassende Arbeit von Annette ZGOLL über Träume im Alten Orient (Traum und Welterleben im antiken Mesopotamien, AOAT 333, Münster 2006).

[11] Artemidor von Daldis, Oneirokritika 4,63, zitiert bei NÄF, S. 125.

3 Wegmarken der Erinnerung

Um die Bedeutung der Träume herauszufinden, brauchen wir Geduld. Viele Träume verstehen wir nie ganz richtig oder immer einmal wieder etwas mehr. Sind diese Träume uns wichtig, begleiten sie uns, manchmal über Jahre hinweg. Gerade dann fällt uns auf, wie sie sich immer wieder mit aktuellen Erfahrungen verknüpfen, mit anderen Träumen, mit Imaginationen, mit Filmen, die wir sehen, mit Geschichten, die wir hören oder lesen. Durch dieses Verknüpfen weben sich die Träume in das bewusste Leben ein, können Wegmarken unserer Erinnerungen sein.
(Verena Kast)

Um unsere Träume erzählen zu können, müssen wir nicht nur die Traumwelt verlassen, also aufwachen, sondern uns außerdem daran erinnern, was wir geträumt haben. Bei gewissen Träumen fällt uns das leicht. Sie sind eindrücklich und beschäftigen uns. Die beiden „Erzväter" Jakob und Josef erinnern sich noch Jahre später an ihre Träume (Gen 48,3 mit Bezug auf 28,12 und 42,9 mit Bezug auf 37,5), die für sie Wegmarken geworden waren.

Die Fähigkeit, sich an Träume zu erinnern, ist von ganz verschiedenen Faktoren beeinflusst: von den Umständen des Erwachens, von der Art der Träume, aber auch vom eigenen Interesse daran, und natürlich von der Persönlichkeit und den Lebensumständen generell. Da es viele Menschen gibt, die bedauern, sich nicht besser an ihre Träume zu erinnern, werden in der psychologischen Literatur auch Methoden beschrieben, um die Erinnerungsfähigkeit zu steigern. Brigitte Holzinger empfiehlt etwa, sich ein „Traumtage- oder -nächtebüchlein" neben das Bett zu legen, in das gleich nach dem Aufwachen Träume notiert werden, und zwar möglichst genau. „Ich glaube fest daran, dass eine innere Entwicklung beginnt, wenn man die Träume wertschätzend aufzuschreiben beginnt, selbst wenn man an dieser Stelle mit der Zuwendung den eigenen Träumen gegenüber endet."[12] Um Träume möglichst genau erinnern zu können, empfiehlt es sich jedoch, nach dem Aufwachen zunächst noch eine Weile reglos liegen zu bleiben und gleichsam im Wachzustand nochmals in die Traumbilder einzutauchen – auch in die Gefühle und Stimmungen, die mit ihnen verbunden waren. Dabei kann der Traum in Szenen aufgeteilt werden, oder wir merken uns eine Folge von Motiven, anhand derer die Aufzeichnung erfolgt. Die Bemühung, Träume schrift-

---

[12] HOLZIGER, S. 21. Übungen und Methoden, um Träume besser zu erinnern, sind hier beschrieben.

lich festzuhalten, verbindet uns mit Menschen der biblischen Zeit: *Im Jahr eins des Belschazzar, des Königs von Babel, hatte Daniel einen Traum, und auf seinem Lager hatte er in seinem Kopf Schauungen. Da schrieb er den Traum auf; was wichtig war, erwähnte er (Dan 7,1).* Manches fällt uns beim Schreiben wieder ein, und es kann schon etwas Disziplin erfordern, wirklich bei den geträumten Bildern zu bleiben und diese nicht mit allem anzureichern, was uns dazu auch noch einfällt. In einer Bibelarbeit zum Thema Träume können wir Menschen begegnen, die mit solchen intensiven Beschäftigungen mit ihren eigenen Träumen jahrelange selbstverständliche Erfahrung haben und andere, denen gar nicht einfällt, dass sich das lohnen könnte. Als Leitung ist es wichtig, den Umgang der Teilnehmenden mit ihren eigenen Träumen nicht zu bewerten.

Wenn wir einen Traum weitererzählen, dann vielleicht einfach, weil er uns beschäftigt und wir neugierig sind, was anderen Menschen dazu einfällt. So wie der junge Josef „ganz naiv" den Brüdern seine Träume erzählte (Gen 37, siehe Bibelarbeit 4), ohne zu ahnen, welch unheilvolle Dynamik dies – zunächst jedenfalls – in Gang setzte. Das Erzählen eines Traums geht aber meist unmerklich in dessen Deutung über. Einen Traum deuten heißt, ihn mit der Wachwelt des Träumenden in Verbindung bringen. Dazu kann das Gespräch mit anderen Personen – allenfalls auch einer Therapeutin oder eines Therapeuten – helfen, aber „letztlich sind wir allein die Experten für unsere Träume – uns selbst muss unsere Deutung einleuchten, nur wir kennen den Lebenskontext wirklich, in dem ein Traum geträumt wurde und durch den der Traum auch seine jeweilige Bedeutung bekommt."[13] Dies ist auch zu beachten, wenn wir in einer Bibelarbeit auf eigene Träume von Teilnehmenden zu sprechen kommen.

In der Tiefenpsychologie nach Jung wird unterschieden zwischen Traumdeutung auf Objektstufe und Traumdeutung auf Subjektstufe. Im ersten Fall wird der Traum und das, was darin vorkommt, auf die Situationen und die Beziehungen der träumenden Person in der Wachwelt bezogen. So verstanden die Brüder intuitiv Josefs Traum: „Willst du gar König über uns werden?" (Gen 37,8, vgl. Bibelarbeit 4). Auf der Subjektstufe hingegen werden alle Figuren, die im Traum vorkommen, als Teile der Psyche der träumenden Person, als Aspekte ihrer Persönlichkeit angeschaut. So deutet Daniel den Traum des babylonischen Königs Nebukadnezzar: „Dieser Baum bist du, König ..." (Dan 4,19, vgl. Bibelarbeit 2).

---

[13] KAST, S. 199

4 Traum und Religion

Wer sein Nachsinnen über seine Träume in Gebete verwandelt, gewinnt zur vertieften Selbsterkenntnis eine vertiefte Sicht der Barmherzigkeit Gottes.
(Johannes Calvin)

Träume weisen über die alltägliche Realität hinaus. Sie führen in andere Welten, die nicht den bekannten Gesetzen der Natur unterliegen. Die gewohnte Bindung an Raum und Zeit ist aufgehoben. Begegnungen mit Menschen und anderen Wesen, die nicht gleichzeitig auf der Erde leben, sind möglich. Dinge werden gesehen und gehört, auf die das rationale Bewusstsein nie käme. Träume haben etwas Transzendentes an sich. Deshalb verwundert es nicht, dass in vielen Gesellschaften Träume und Religion etwas miteinander zu tun haben.

Religionsforscher nehmen an, dass Träume die Ausgestaltungen der verschiedenen Religionen beeinflusst haben: Initiationsriten und Ahnenkulte, Seelen- und Jenseitsvorstellungen, Mythen über die Entstehung des Kosmos und seinen Untergang, Geister- und Dämonenglauben. Ob wir auf einer Ferienreise in ferne Länder unvermittelt Zaungäste eines Rituals werden oder in einer alten Kirche ein Fresko mit der Darstellung des „Jüngsten Gerichts" bewundern – wir nehmen damit Teil am kollektiven „Traummaterial" der Menschheit und lassen uns davon berühren, selbst wenn wir uns dabei „wie im Traum" fühlen und nicht genau deuten können, was wir erleben.

Der Umgang mit Träumen, ihre Deutungen und Umsetzungen ins Leben sind und waren oft Teil der „offiziellen" Religion einer Gesellschaft. Dann sind Traumdeuter eingebunden in die religiösen Institutionen, und wer etwas über seine Träume erfahren möchte, begibt sich zu einem Tempel oder Heiligtum.

Manchmal berühren sich aber Religion und Umgang mit Träumen nur am Rand. In unserer westlich-christlichen Gesellschaft gehen wir mit einem Traum, der uns beschäftigt, eher zur Psychotherapeutin als zur Pfarrerin oder zum Seelsorger. Bereits im Neuen Testament kommen Träume nur noch in wenigen Schriften vor. Gott zeigt sich dort zwar auch im Traum, aber stärker noch in seinem Wort. Das ambivalente Verhältnis zum Traum, das vom Neuen Testament her die ganze Christentumsgeschichte prägt, zeigt sich jedoch bereits im Alten Testament mit seinen Versuchen, den JHWH-Glauben von den religiösen Traditionen der Umwelt abzugrenzen.

5 Träume im Alten Testament und seiner Umwelt

Wenn Gott sich kündet in der Morgenröte, im Tau der Blume, in des Windes Spiel, und des Frommen Auge den Ewigen erkennet in allem Vergänglichen, warum soll dasselbe ihn nicht auch erkennen in des Traumes Spiel, diesen Offenbarungen des innersten Lebens des Menschen, diesen Weissagungen von Kraft und Schwäche, diesem wunderbaren Leben, das, wenn die Sinne ruhen, die Welt verhüllet ist, sich gestaltet als eine eigene Welt, bald verbunden mit dieser Welt und bald abgerissen von allem Bekannten, eine nie sichtbar werdende Insel im ungeheueren Meere des unsichtbaren inneren Lebens, das in der Menschheit nach unbekannten Gesetzen ebbet und flutet! Wenn jede gute Gabe von Gott kömmt, dem Vater der Lichter, und dem Frommen alles zur guten Gabe werden soll, und wenn wir Rechenschaft zu geben haben von jeder, sind da nicht auch Träume gute Gottesgaben, und haben wir sie nicht anzuwenden zu unserem geistigen Wachstum?
(Jeremias Gotthelf)

Die Völker der Antike haben sich alle mit Traumdeutung beschäftigt und teilweise entsprechende Professionen und Institutionen gebildet. Träume wurden sowohl als psychosomatisches wie als religiöses Phänomen gesehen. Sie galten als eine Möglichkeit (unter anderen), mit Gottheiten in Kontakt zu kommen und etwas über die Zukunft zu erfahren. Auf diese Weise dienten sie auch den Dichtern und Geschichtsschreibern als Material, um ihre literarischen Stoffe so zu gestalten, dass die Kommunikation zwischen der menschlichen und der göttlichen Sphäre deutlich wurde. Heute ist nicht mehr in Erfahrung zu bringen, ob die beschriebenen Träume je von einem Menschen geträumt wurden – und das betrifft auch die Träume in den biblischen Texten. Darum können wir biblische Träume nicht gleich behandeln wie heutige Traumprotokolle. Aber auch, wenn es sich um literarische Überarbeitungen oder gar „Erfindungen" handelt, speisen sich diese aus realen Traumerfahrungen damaliger Menschen.
Im Alten Testament finden wir Erzählungen von Menschen, die in bestimmten Situationen träumen, deren Träume manchmal für sich selbst sprechen und manchmal von anderen Personen ausgelegt werden. Daneben lesen wir Reflexionen – auch sehr kritische – über das Träumen und seine Bedeutung als Offenbarungsmedium Gottes. Auch wenn wir in der Bibel „berühmte" und kulturell wirksame Träume finden wie den Traum Jakobs von der Himmelstreppe und den auf- und absteigenden

Engeln oder Traumdeutergestalten wie Josef und Daniel, ist das Material über Träume, verglichen mit demjenigen aus der Umwelt, spärlich. Es lässt sich kein vollständiges und schon gar kein einheitliches Bild über Praktiken und Einstellungen des alten Israel zu Träumen herauslesen. *Das Traumverständnis der Bibel gibt es nicht.*

Sprachliches

Im Hebräischen gibt es eigentlich nur *eine* Wortwurzel für Traum und träumen. Das ist bemerkenswert, weil die umliegenden Völker teilweise auch durch ihre Begriffe versuchten, Träume zu unterscheiden. So gab es etwa im Griechischen ein Wort für gewöhnliche Träume und ein anderes für solche, die bedeutsam waren und als göttliche Botschaft verstanden wurden. In den meisten Sprachen hingen die Begriffe, mit denen Träume bezeichnet wurden, mit den Wörtern für „Schlaf", „Nacht" oder „sehen" zusammen. In Ägypten dagegen hieß träumen „wach-sein-im-Schlaf". Da es im Hebräischen aufgrund der parallelen Versstrukturen der Poesie[14] mindestens zwei Wörter für eine Sache braucht, verwendete man für Träume einen zweiten Begriff, der aus „Nacht" und „sehen" gebildet wird. In den meisten Übersetzungen finden wir dafür das Wort „Nachtgesicht".

Träume sind von Gott geschickt

Im Alten Orient gelten Träume als von äußeren Mächten verursacht. Bei manchen Völkern gibt es spezielle Traumgottheiten. Träumen und Träume deuten können im Prinzip alle Menschen, und Träume sind nicht nur für den Träumenden selber von Bedeutung. In der Bibel sind auch die Träume der „Ausländer" von JHWH gesandt. Der Richter Gideon wird, weil er Angst davor hat, mit nur dreihundert Kriegern das Heer der Midianiter zu bekämpfen, von JHWH zunächst nachts ins feindliche Heerlager geschickt, um zu hören, „was man so redet":

Und als Gideon hinkam, sieh, da erzählte ein Mann einem anderen einen Traum und sprach: Sieh, ich hatte einen Traum: Sieh, ein Gerstenbrotkuchen rollte ins Lager Midians und kam bis ans Zelt und traf es, und es stürzte ein, und er warf es über den Haufen, und das Zelt stürzte ein. Da antwortete der andere und sprach: Das ist nichts anderes als das Schwert Gideons, des Sohns von Joasch, des Mannes Israels. Gott hat Midian und das ganze Lager in seine Hand gegeben. Als Gideon die Erzählung vom Traum und seine Deutung gehört hatte,

---

[14] Vgl. dazu die Bibeltheologische Einleitung in Band 2 der WerkstattBibel „Vom Klagen zum Jubeln".

warf er sich nieder. Dann kehrte er zurück ins Lager Israels und sprach: Macht euch auf, denn JHWH hat das Lager Midians in eure Hand gegeben.
(Ri 7,13-15)
Für alle Beteiligten ist klar, dass Gott den Traum sendet und damit ankündigt, was geschehen wird. Dennoch braucht es offenbar den Traum, um die einen zu entmutigen und die anderen zu ermutigen und so in der Wachwelt herbeizuführen, was im Traum symbolisch schon geschehen ist.

Träume an bestimmten Orten

In der Antike wurden bestimmte Orte aufgesucht, um die Lösung eines Problems oder Heilung von einer Krankheit im Traum zu erfahren. Dabei bereitete man sich durch Rituale und Opfer vor, nahm vielleicht auch bestimmte „traumfördernde" Substanzen ein und legte sich zum Schlaf nieder. Diese Praxis wird „Inkubation" genannt. Im Alten Testament finden sich davon lediglich einzelne Spuren. Es ist nicht mehr zu rekonstruieren, welche Bedeutung die Inkubation vielleicht auch in Israel einmal spielte. Die Praxis galt in der Zeit, als die zahlreichen Heiligtümer abgeschafft und der JHWH-Kult auf Jerusalem konzentriert wurde (die Zeit der Kultreform des Königs Joschija um 622 v. Chr.), als zu heidnisch. JHWH ließ sich vernehmen, wo und wann er wollte, er ließ sich nicht mit Ritualen und Opfern zu einer Offenbarung bewegen.
Im antiken Judentum war hingegen der Brauch verbreitet, Gräber aufzusuchen, um von den Verstorbenen zu träumen und von ihnen zu erfahren, was Lebende nicht wissen konnten. Ein Hinweis auf diese Praxis findet sich in Jes 65,4.
Die deutlichsten Anklänge an eine Inkubation lesen wir in 1 Kön 3,4-15: Der junge König Salomo begibt sich zum JHWH-Heiligtum in Gibeon – der Tempel in Jerusalem steht zu dieser Zeit noch nicht –, bringt Opfer dar und bittet dann Gott, der ihm im Traum erscheint, um ein „hörendes Herz", damit er sein Volk gut regieren kann. Erst nachdem er erwacht ist, merkt er, dass es ein Traum war.
Nicht jeder Traum an heiligem Ort ist eine Inkubation. Den allerersten Traum in der Bibel träumt Jakob unterwegs (Gen 28,10-22). Er kommt „zufällig" vorbei, gerade nach Sonnenuntergang, richtet sich zum Schlafen ein und merkt erst durch den Traum selbst, dass er sich an einem besonderen Ort befindet: beim Tor zum Himmel, an der Stelle, wo Erde und Himmel verbunden sind. Am Ende seines Lebens, bereits todkrank, erinnert sich Jakob nochmals an diesen Traum und an die Verheißung der Nachkommenschaft, die Gott ihm darin zusprach (Gen 48,3). Der

Traum bildet also eine literarische Klammer um die ganze Geschichte des erwachsenen Jakob von seinem Auszug aus dem Elternhaus bis zu seinem Tod.

Auch die Berufungsgeschichte des Propheten Samuel erzählt nicht von einer Inkubation, obwohl sie in einem Heiligtum spielt. Der junge Samuel schläft nicht im Tempel, um einen Traum zu haben, ja er realisiert zunächst gar nicht, dass er im Traum beim Namen gerufen wird, sondern meint, es sei in der Wachwelt. Erst durch dieses Erlebnis lernt er, dass er eine Botschaft Gottes im Traum vernehmen kann (vgl. Bibelarbeit 6).

Anweisungen Gottes im Traum

In manchen biblischen Texten greift Gott durch einen Traum in die Handlungen der Menschen ein und verhindert, dass sie Böses tun: In Gen 20,3-7 warnt er Abimelech davor, sich Sara zu nähern, die ihm als Schwester Abrahams vorgestellt worden war. Im nächtlichen Gespräch mit Gott erfährt Abimelech erst die Wahrheit. Am anderen Morgen berichtet er zusammenfassend davon, und der Traum wird von seinen Zuhörern sehr ernst genommen. Aufschlussreich für die literarische Bedeutung des Traumes ist hier der Vergleich mit den beiden Parallelgeschichten Gen 12,10-20 und Gen 26,7-11, wo kein Traum vorkommt, sondern die Wahrheit im realen Gespräch zwischen Abraham und dem Pharao bzw. zwischen Abimelech und Isaak ans Tageslicht kommt. Im ersten Fall greift Gott durch Plagen ein und provoziert so das Gespräch, im zweiten sieht Abimelech zufällig, wie Isaak Rebekka liebkost, und kommt auf diese Weise selber darauf, dass sie wohl seine Frau sein muss.

Was bringt literarisch gesehen die Erwähnung eines Traums? Sie bietet „eine Möglichkeit, eine göttliche Intervention oder einen Dialog zwischen Gott und Mensch literarisch einzukleiden. ... Dieses literarische Verfahren zielt auf das göttliche Eingreifen in der Zukunft und betrifft die Entwicklung der Menschen, die eine Hauptrolle im göttlichen Handeln spielen. ... In der Traumrede bzw. dem Traumdialog finden die Autoren und Bearbeiter den literarischen Ort, theologische Lehren oder Reflexionen auszudrücken."[15] Warum ein Traum und kein direktes Eingreifen Gottes? „Der Traum ist diejenige Form der Offenbarung, welche die Gottheit am wenigsten mit dem Irdischen vermengt."[16] Im Traum ist Gottes Eingreifen real, geschieht aber dennoch in einer anderen Dimen-

---

[15] LANCKAU, S. 102
[16] Hermann GUNKEL, zitiert bei EHRLICH, S. 128

sion, in welcher der Mensch nicht in gleicher Weise Subjekt seines Handelns ist.

Auf welche Art die Träume in die Texte eingefügt werden, d. h. wie wir als Leserinnen und Leser Kenntnis bekommen vom Traum der biblischen Figur, von seiner Bedeutung und seinen Konsequenzen, ist unterschiedlich. Manchmal wird der Traum als Geschehen berichtet, manchmal nur als nachträgliche Traumerzählung. In Gen 31,11-13 erzählt Jakob seinen beiden Frauen Lea und Rahel einen Traum, in dem ihn ein Engel Gottes angewiesen habe, seinen Schwiegervater Laban zu verlassen. Während Jakob der Traumanweisung folgt, nimmt Laban die Verfolgung auf, wird aber ebenfalls in einem Traum von Gott gewarnt, gegen Jakob aktiv zu werden (Vers 24). Als er diesen schließlich einholt, erzählt er ihm seinen Traum (Vers 29), um sein Handeln (bzw. Nicht-Handeln) zu begründen.

Diese Träume brauchen keine Deutung, sie sind unmittelbar verständlich und werden befolgt, auch wenn sie unangenehm sind. Literarisch gesehen sind sie so, wie wir sie in der Bibel lesen, „schon gedeutete Träume", d. h. der „Traumgedanke" (die klare Bedeutung, siehe S. 14) ist aus dem „Trauminhalt" (den deutungsbedürftigen Bildern) herausgelesen, auf seine theologische Richtigkeit hin überprüft und wird als klare Anweisung Gottes in Gestalt eines Traumes in den literarischen Zusammenhang eingefügt. „Eine Deutung erübrigt sich, weil die Traumstruktur als solche schon dem allgemeinen Glauben entspricht und die direkte Rede unmittelbar verständlich ist. Solche Träume enthalten verdichtet kollektive religiöse Erfahrung, sind mehr Glaubensvision als individuelle Intuition."[17]

Traumdeutung

In der Josefsgeschichte erweist sich die charismatische Art der Traumdeutung Josefs (in Gen 40 und 41) der berühmten ausgefeilten und technischen Art der ägyptischen Traumdeuter am Hof des Pharao überlegen, weil sie sich auf Gott stützt. In Ägypten gab es eine Institution, in der das Wissen über Träume gepflegt wurde, das „Lebenshaus". Es war meist an einen Tempel angeschlossen und hatte teils wissenschaftliche, teils religiöse Funktion. Die dazugehörende Bibliothek enthielt auch Traumdeutungsbücher, das Personal war spezialisiert, die Traumdeuter wurden mit einem besonderen Titel angesprochen.

---

[17] SEYBOLD, S. 34

Erste Traumdeutungsbücher sind schon aus der Zeit um 1700 v. Chr. erhalten. In der großen Keilschrift-Bibliothek von Ninive in Mesopotamien wurde ein Text aus dem 7. Jahrhundert v. Chr. gefunden, der ursprünglich etwa 3000 Träume aufzeichnete und erklärte. Die Traummotive sind nach Themen zusammengestellt. Meist ist einem Motiv nur eine Bedeutung zugeordnet, manchmal aber wird differenziert je nach sozialer Stellung der Träumenden. Beschrieben werden zudem Rituale, die helfen sollen, negative Auswirkungen von Träumen zu beseitigen. In solche Rituale wurden auch Träume eingeschlossen, die von den Träumenden nicht mehr erinnert wurden. Man ging also schon damals davon aus, dass Träume an sich schon eine Wirkung in der Wachwelt haben.
Gegenüber dem, was wir aus ägyptischen Traumbüchern, aus dem Talmud oder auch vom griechischen Traumdeuter Ardemidor aus dem 2. Jahrhundert n. Chr. wissen – sein fünfbändiges Werk ist das einzige aus der Antike vollständig erhaltene Traumbuch –, sind Josefs Deutungen einfach. Wichtig ist dem Erzähler der Josefsgeschichte, dass sie sich erfüllt haben und damit sowohl Gott wie Josef legitimiert sind. Wenn Josef sich bei der Deutung des Traums des Mundschenks (Gen 40,9-15) auf ein ägyptisches Traumbuch gestützt hätte wie dasjenige, das uns als Papyrus erhalten ist, wäre er nicht auf eine positive Deutung gekommen, sondern hätte dort gelesen: „Wenn ein Mann sich selbst im Traum Wein auspressen sieht: schlecht. Sein Besitz wird konfisziert werden."[18] Ähnliche Sätze stehen dort zu anderen möglichen Traummotiven, immer klassifiziert nach guten Träumen des Gottes Horus und schlechten Träumen des Gottes Seth. Die Kunst bestand darin, die geträumten Motive mittels verschiedener Deutungstechniken wie Analogieschluss, Kontraritätsprinzip, Assoziationen und Wortspielen mit den angegebenen Bedeutungen in Zusammenhang zu bringen.
Wie der Autor der Josefserzählung Träume und Traumdeuten versteht, vernehmen wir indirekt aus dem Gespräch zwischen Josef und dem Pharao (Gen 41):
Und der Pharao sprach zu Josef: Ich habe einen Traum gehabt, aber niemand ist da, der ihn deuten könnte. Von dir aber habe ich gehört, du brauchst einen Traum nur zu hören, und schon kannst du ihn deuten. Josef antwortete dem Pharao: Ich vermag nichts. Gott allein kann zum Wohl des Pharao eine Antwort geben (Verse 15-16) ... Da sprach Josef zum Pharao: Beide Träume des Pharao bedeuten dasselbe. Gott hat dem Pharao kundgetan, was er tun will (Vers 25) ... Dass sich aber der Traum des Pharao wiederholt hat, bedeutet: Es ist bei Gott fest beschlossen, und bald wird Gott es tun. (Vers 32)

---

[18] Papyrus Chester Beatty III, 9.12, siehe LANCKAU, S. 342

Ganz ähnlich antwortet Daniel am babylonischen Königshof (vgl. Bibelarbeit 2): *Keine Weisen, Zauberer, Magier oder Seher können dem König das Geheimnis kundtun, nach dem der König fragt. Aber es gibt einen Gott im Himmel, der Geheimnisse enthüllt, und er hat den König Nebukadnezzar wissen lassen, was am Ende der Tage sein wird.* (Dan 2,27-28) Daniel ist aber mit seinen erfolglosen babylonischen Kollegen insofern solidarisch, als er verhindert, dass diese wegen ihres Scheiterns getötet werden (Dan 2,24).
Herrscherträume werden im ganzen Alten Orient zahlreiche berichtet und teilweise auch auf Stelen festgehalten. Auffallend ist, dass dabei die Trauminhalte jeweils mit Worten beschrieben, jedoch nicht bildlich dargestellt werden. Auf der „Geisterstele" des Sumererherrschers Eannatum von Lagasch[19], dem frühesten Beispiel einer Königsinschrift, die einen Traum beschreibt, ist hingegen bildlich dargestellt, was der König dann aufgrund des beschriebenen Traums und seiner Deutung tut.
Für die Politik waren aber nicht nur die Träume des Königs relevant. Im Briefarchiv der Stadt Mari[20] wurden zahlreiche Traumberichte gefunden, die von Angehörigen des Herrscherhauses, aber auch von Beamten, Priesterinnen oder einfachen Leuten aus dem Volk stammen. Offenbar hatte man dort alle Träume gesammelt, die politisch bedeutungsvoll erschienen. Die meisten sind vom Sinn her klar, dennoch spiegeln sich in den Texten auch die Bemühungen wieder, die Träume richtig zu verstehen.
Von Daniel, der in der Bibel neben Josef als zweiter großer charismatischer Traumdeuter gilt, wird berichtet, dass er sich selbst von einer Traumfigur im Traum die Deutung geben ließ (Dan 7,16). Als Steigerung seiner Kompetenzen gegenüber Josef spielt bei ihm das Erraten des Traums eine Rolle, zum Beweis, dass die Deutung richtig ist (Dan 2). Das Traumerraten wurde ein wichtiges Legitimationselement, nachdem das Traumdeuten mit Hilfe der zahlreichen Traumdeutungsbücher auch einem „Laien" möglich war.
Im Akkadischen, der Sprache des Zweistromlandes, wurde mit dem gleichen Verb das Erzählen eines Traums wie das Interpretieren bezeichnet, aber auch das Verhindern schlechter Traumauswirkungen mittels Ritualen. Alle drei Tätigkeiten gehörten zur Kompetenz eines Traumdeuters. Das hebräische Wort für Traumdeutung ist mit diesem Verb verwandt und bezeichnet im Alten Testament darüber hinaus auch das Deuten prophetischer Visionen.

---

[19] Heute im Louvre in Paris
[20] Im heutigen Syrien

Bei Josef wie bei Daniel gilt die Kompetenz der Traumdeutung (die zur sogenannten Mantik gehört) als göttliche Gabe (Gen 40,8; Dan 5,11) und wird in Gegensatz zur Auffassung der Traumdeutung als Beruf, den man lernen kann, gesetzt. „Traumdeutung ist im Alten Testament also erstens religiöser Gemeinbesitz (Gen 37) oder zweitens mantisches Berufswissen (vor allem im Kontext der Königshöfe) oder drittens charismatische Gottesgabe (Josef, Daniel). Herrschender Grundgedanke der theologisch reflektierten Passagen ist die vollständige Einbindung des Traums und seiner Deutung in den Machtbereich Jahwes."[21]
Durch die literarische Einbettung der Träume kommen aber noch andere, auch psychologische Deutungsmöglichkeiten in den Blick: Die Jugendträume Josefs etwa könnten auch als größenwahnsinnige Wunschträume interpretiert werden – so die erzählte Interpretation der Familienmitglieder (Gen 37,8 und 10), oder der Traum des Bäckers im Gefängnis, der zuerst zögert, ihn zu erzählen, als Angsttraum (Gen 40,16-17).

Der Traum als Offenbarungsmedium

Der Traum gilt als eine Möglichkeit, wie Gott den Menschen etwas kundtut, als Medium der Prophetie. Gott sagt zu Aaron und Mirjam, die ihren Bruder Mose kritisieren (Num 12,6-8):
Wenn unter euch ein Prophet ist, gebe ich mich ihm als JHWH zu erkennen in einer Erscheinung, rede ich mit ihm im Traum. Nicht so mein Diener Mose: Mit meinem ganzen Haus ist er betraut. Von Mund zu Mund rede ich mit ihm, offen und nicht in Rätseln, und die Gestalt JHWHs darf er schauen.
Hier werden Traum und Vision als „normale" Kommunikationswege zwischen Gott und den Propheten der besonderen und einmaligen „direkten" Kommunikationsform zwischen Gott und Mose gegenübergestellt. Dieser Text spiegelt die Fragen nach der Zuverlässigkeit und Rangordnung der Offenbarungsarten, die vermutlich etwa im 7. Jahrhundert v. Chr. aufbrachen und im Buch Jeremia zur heftigsten Kritik an Propheten führte, die sich auf Traumoffenbarungen beriefen.
Neben Traum und Vision gab es aber auch in Israel wie im übrigen Orient andere Methoden, um den Willen Gottes zu erfahren oder in die Zukunft zu blicken.
In 1 Sam 28,6 stehen Träume neben Losorakeln und Prophetie. König Saul sucht verbotenerweise die Totenbeschwörerin auf, weil Gott sich weder durch Träume noch Propheten meldet (1 Sam 28,15). Das heißt, wenn Gott redet, dann auch durch Träume, wenn nicht, dann auch nicht

---

[21] FRENSCHKOWSKI 2002, S. 36

durch Träume. Die Offenbarungsarten sind im Alten Testament nicht alternativ gedacht; wenn die eine nicht „funktioniert", kann man nicht – wie bei einem Radio – auf einen anderen „Kanal" ausweichen.
In Joël 3,1, einer Verheißung für die Endzeit[22], stehen Träume neben Prophetie und Visionen als allen zugängliche Kommunikationsformen mit Gott, die möglich werden, wenn der Geist Gottes ausgegossen ist über alle. Dann werden Deutungen nicht mehr nötig sein.
Bei den Propheten ist die Abgrenzung zwischen Träumen, Halluzinationen und tranceartigen Visionen oder Auditionen nicht immer klar. Nach der begrifflichen Verwendung oder nach der Beschreibung ist es in alttestamentlichen und generell in antiken Texten nicht möglich, Träume von Visionen usw. exakt zu unterscheiden. Allerdings ist das auch psychologisch nicht einfach. Mit „sehen" werden sowohl das äußere wie das innere Sehen bezeichnet, im Wachen, im Schlaf und in Zwischenzuständen. Sehen kann aber auch hören beinhalten. Darum definiert Jörg Lanckau: „Wenn eine ‚Vision' zur Nachtzeit erfolgt, dann ist sie ein Offenbarungstraum."[23]
Nach Ernst Ludwig Ehrlich[24] bestehen bei den frühen Propheten Vision, Traum, Nachtgesicht, Orakel und direktes Eingeben des Wortes nebeneinander. In der vorexilischen und exilischen Schriftprophetie tritt Letzteres in den Vordergrund. In der späten nachexilischen Prophetie sind Visionen, Träume und Auditionen wieder häufiger erwähnt.

Träume lassen aufschrecken

Träume als Offenbarungen Gottes waren für die Menschen damals durchaus nicht nur angenehm und erfreulich, denn sie warfen ein kritisches Licht auf ihre Lebensführung. Der folgende Abschnitt aus einer Rede des Elihu an Ijob spiegelt den „common sense Israels"[25]:
Einmal redet Gott und ein zweites Mal, doch man achtet nicht darauf. Im Traum, im Nachtgesicht, wenn tiefer Schlaf auf die Menschen fällt, im Schlummer auf dem Lager, da öffnet er das Ohr der Menschen und erschreckt sie mit seiner Warnung. Er will den Menschen abbringen von seinem Tun und dem Mann seinen Hochmut austreiben. Er will ihn vor dem Grab bewahren und sein Leben vor dem Tod. (Ijob 33,14-18)
Dem Traum wird hier die gleiche Funktion zugesprochen wie dem Schmerz (Vers 19): die Menschen aufzuschrecken und zu warnen.

---

[22] Vgl. Bibelarbeit 1 in WerkstattBibel Band 11 „Im Kraftfeld des Geistes".
[23] LANCKAU, S. 121
[24] EHRLICH, S. 7
[25] LANCKAU, S. 48

An einer anderen Stelle im Buch Ijob wird die Reaktion auf einen solchen Traum eindrücklich beschrieben:
Zu mir aber stahl sich ein Wort, und mein Ohr nahm ein Flüstern davon auf. Beim Grübeln über Nachtgesichte, wenn tiefer Schlaf auf die Menschen fällt, kam Furcht und Zittern über mich, und schreckte meine Glieder auf. Und ein Geist geht an mir vorüber, die Haare meines Leibes sträuben sich. Da steht er, doch ich erkenne seine Gestalt nicht, ein Bild ist vor meinen Augen, ich höre das Flüstern einer Stimme: Kann ein Mensch im Recht sein vor Gott, ein Mann vor seinem Schöpfer rein? (Ijob 4,12-17; vgl. 7,13-14)
Albträume gelten in der ganzen antiken Welt als Zeichen göttlicher Heimsuchung. Jesus Sirach zählt sie zu den Übeln der Menschheit (40,1-7) und bezeichnet sie als Vorspiegelungen der Seele, die den Träumenden in die Irre treiben. Wenn er erwacht, wundert er sich über „die Angst um nichts". Sie haben hier nichts mehr mit göttlichen Offenbarungen zu tun. Albträume wurden eher selten aufgezeichnet, damit sie nicht dadurch noch negative Wirkung entfalten konnten. Auch beim Schreckenstraum der Frau des Pilatus (Mt 27,19, vgl. Bibelarbeit 5) erfahren wir nichts über den Inhalt. Um die negativen Auswirkungen zu vermeiden, gab es Rituale, wie etwa einen schlechten Traum in einen Lehmklumpen hineinzukneten und diesen ins Wasser zu werfen.[26]

Der Traum als das Flüchtige

In der Weisheitstradition gibt es Stimmen, die den Glauben an Traumoffenbarungen relativieren, indem sie das Phänomen Traum und seine Auswirkungen auf die Menschen ohne religiöse Voreingenommenheit beobachten und reflektieren. Koh 5,1-6 stellt die Träume in Zusammenhang mit Geschwätzigkeit, die gerade gegenüber Gott nicht angebracht ist. Die späte Weisheitsschrift Jesus Sirach meint: *Wie einer, der nach Schatten greift und dem Wind nachjagt, so ist einer, der sich auf Träume verlässt (34,2).* Jesus Sirach stellt Träume zunächst einem Spiegel gleich, in dem man ja nur wieder sich selber sieht. Sie gehören mit Zeichendeuterei und Wahrsagerei zusammen und sind alle nichtig, weil sich nur die eigenen Wünsche darin spiegeln. Dennoch räumt er ein – vielleicht einfach aus Rücksicht auf die Tradition –, dass es auch Träume gibt, die von Gott „zur Warnung" gesandt sind (34,6) und die es natürlich zu beachten gilt. Weisheit und Gesetz sind hier die wahre Alternative zum Traum als Offenbarungsmedium Gottes.

---

[26] SEYBOLD, S. 36

Der Traum kann einfach Sinnbild für alles Flüchtige und Nichtige sein (Ps 73,20; Ijob 20,8; Jes 29,8), er kann aber auch für das unwirklich Scheinende oder Unwahrscheinliche stehen, das man erhofft, aber kaum zu glauben wagt (Ps 126,1, vgl. Bibelarbeit 1).

Diskussionen um den Traum als Offenbarungsmedium

In verschiedenen alttestamentlichen Texten werden nicht Träume erzählt, sondern es spiegeln sich Diskussionen wider, die den Wert der Träume als Mittel der Kommunikation mit Gott in Frage stellen. Diese Diskussionen tauchen etwa im 7. Jahrhundert v. Chr. auf und finden sich so im übrigen Alten Orient nicht, hingegen entsteht von philosophischer Seite her eine Kritik des populären Traumglaubens in Griechenland. Im Alten Testament gehört sie zu den Bemühungen, die JHWH-Verehrung vom Einfluss anderer Kulte zu reinigen.

Wenn in deiner Mitte ein Prophet auftritt oder einer, der Träume hat, und dir ein Zeichen oder Wunder ankündigt und das Zeichen oder Wunder eintrifft, das er dir genannt hat, als er sagte: Lasst uns anderen Göttern folgen, die ihr nicht kennt, und lasst uns ihnen dienen!, dann sollst du nicht auf die Worte jenes Propheten oder auf jenen Träumer hören ... Jener Prophet oder jener Träumer aber soll getötet werden. (Dtn 13,2-4.6)

Hier werden Propheten und (Berufs?-)Träumer unterschieden, das „Zeichen" ist der Traum und seine Deutung. Wenn diese sich bewahrheitet, so die Befürchtung im Text, spricht das für die entsprechenden fremden Götter und auf diese Weise könnten Träume Menschen vom „richtigen Glauben" abbringen.

Im Jeremiabuch (vgl. Bibelarbeit 3) wird den Träumen das Wort Gottes gegenübergestellt, das klar und unmissverständlich sei und keiner Deutung bedürfe. In der Wertung entspricht das Num 12 (siehe S. 25), hier nimmt Jeremia in Anspruch, was dort nur Mose zugestanden wird. Offenbar fanden zur Zeit dieser Texte auf Träume gründende Offenbarungen großen Anklang. Kriterium für die negative Bewertung im Jeremiabuch ist der Inhalt der Träume (Lügen), nicht eigentlich die Tatsache, dass es Träume sind. In Jer 27,9 werden die Träumer zusammen mit Propheten, Wahrsagern, Zeichendeutern und Zauberern genannt. Deutlich ist hier der politische Grund für die Ablehnung des Traums: Wer vom Heil (dem Ende des Exils) träumt, hat nicht verstanden, dass jetzt von JHWH her Gericht angesagt ist. „Bei Jeremia ist der Konflikt daher so bedrängend, weil subjektiv empfangene Wortoffenbarung gegen subjektiv empfangene Traumoffenbarung steht, weil es einen Schriftkanon als Bezugsgröße noch nicht gab und weil das normative Theophaniemodell nicht anwendbar war, da sich wohl beide Seiten darauf berufen konnten. Die Frage nach der Kontrollinstanz einer religiösen Traumdeutung bricht auf und bleibt ein Problem."[27]

Im Jeremiabuch sind zwei Grundfragen formuliert, die anzeigen, worum es bei diesen Diskussionen eigentlich geht. Die theologische Grundfrage ist in 23,23 ausgedrückt: *Bin ich denn ein Gott der Nähe – Spruch JHWHs – und nicht auch ein Gott der Ferne?* Die Propheten, die sich auf ihre Träume vom baldigen Ende des Exils berufen, haben ein Bild vom „lieben Gott", der seinem Volk nahe ist und hilft, das nicht dem Bild des universalen Gottes entspricht, der „Himmel und Erde füllt" (Jer 23,24).

Die psychologische Grundfrage ist in 23,26 formuliert: *Haben die Propheten, die Lüge weissagen und die den Trug ihres Herzens weissagen, überhaupt Verstand?* „Die gesellschaftspolitisch und vielleicht auch außenpolitisch begründeten Auseinandersetzungen zwischen verschiedenen Propheten und Prophetengruppen ließen im Laufe der historischen Ereignisse und deren literarischer Verarbeitung die einen Offenbarungen als obsolet, die andern als nochmals bestätigt erscheinen, entsprechend werden sie dann auch bezeichnet: ‚Lüge' und ‚Nichtigkeit' erweisen sich dann, wenn Gottes Eingreifen das ‚Wort JHWHs' beglaubigt. So tritt das originale Medium auch ‚wahrer' Prophetie, der ‚Offenbarungstraum', in der Literatur hinter der geschichtlich bewahrheiteten ‚Botschaft', dem ‚Wort JHWHs', zurück. Die entstehenden Prophetenbücher gewinnen dagegen an eigener Autorität als geschriebenes ‚Wort Gottes'."[28] Die Kritik an der traditionellen Traumdeutung, die im Buch Jeremia am schärfsten formuliert ist, führte jedoch nicht zu einer Aufgabe dieses Bereichs, sondern zu einer neuen, unabhängigen Beschäftigung mit diesen Phänomenen, die sich dann auch in den großen Traumerzählungen der Josefsgeschichte und später der Danielsgeschichte niederschlug.

---

[27] SEYBOLD, S. 40. Als „normatives Theophaniemodell" bezeichnet Seybold Träume, in denen Gott direkt zum Träumer spricht und deren Bedeutung unmittelbar klar ist, wie z.B. die Träume Jakobs.
[28] LANCKAU, S. 74

Die philosophische Sicht

Von anderer Seite her entstand im antiken Griechenland eine ambivalente und teilweise auch kritische Sicht der Träume. Im Theater – etwa bei Aischylos oder bei Aristophanes im 5. Jahrhundert v. Chr. – konnte man sich über den starken, in allen Bevölkerungsschichten verbreiteten Traumglauben oder die manipulativen Praktiken professioneller Traumdeuter lustig machen, ohne dass die Bedeutung der Träume grundsätzlich angezweifelt wurde.

In der Philosophie dagegen wurde ernsthaft und kritisch über Träume nachgedacht. Demokrit etwa stellte sich vor, das Universum sei voller Bilder, die sich durch atmosphärische Schwankungen von den Gegenständen abgelöst hätten und durch die Poren in die Körper der Menschen eindrängen und dadurch Träume verursachten. Auf dem Weg durch den Körper nähmen sie auch die Gefühle und Gedanken auf. Platon ging von der traditionellen Vorstellung aus, dass Träume der Kommunikation zwischen Göttern und Menschen dienten, hielt jedoch die Deutung für eine recht schwierige Sache, die eigentlich den Philosophen vorbehalten sei.

Von Aristoteles sind zwei Werke explizit über Träume erhalten.[29] Das Entstehen der Träume stellte er sich so vor: Im Schlaf ruhen die Sinnesorgane und das Blut zieht sich aus der Körperoberfläche zurück. Als Wahrnehmungsorgan aktiv ist der „Zentralsinn" im Herzen, die Wahrnehmungsform ist das Träumen. Nach Aristoteles sind Träume im Allgemeinen nicht von Gott gesandt. Zusammenhänge mit zukünftigen Ereignissen in der Wachwelt seien eher zufällig. Träume und ihre Deutung sieht er – darin ganz modern – abhängig von der psychischen Verfassung der Träumenden.

Diese ambivalente Situation – auf der einen Seite das Fortbestehen der traditionellen Traumgläubigkeit mit ihren bewährten und überlieferten Formen der Praxis, auf der anderen Seite die kritisch-aufklärerischen Gedanken der Philosophie – bildete neben den Texten des Alten Testaments die Grundlage des Traumverständnisses der entstehenden christlichen Gemeinden.

---

[29] „Über die Träume" und „Über die Weissagung im Schlaf"

6   Träume im Neuen Testament und seiner Umwelt

Träume bereiten auf bestimmte Situationen vor, kündigen sie an oder warnen vor ihnen, oft lange bevor sie wirkliche Tatsachen werden. Dies ist nicht unbedingt ein Wunder oder eine Vorahnung. Die meisten kritischen oder gefährlichen Situationen haben eine lange Inkubationszeit, nur das Bewusstsein weiß nichts davon. Aber die Träume können das Geheimnis preisgeben.
(Carl Gustav Jung)

Traumglauben in neutestamentlicher Zeit

Der Traumglaube ist in der hellenistisch-römischen Welt weiterhin sehr stark verbreitet. Traumdeuter ist ein Beruf, darauf verweist auch das griechisch geschriebene Schild an einem ägyptischen Tempel, auf dem steht: „Ich deute Träume im Auftrag Gottes zu gutem Erfolg. Es ist ein Kreter, der hier auslegt."[30]

Das Judentum zur Zeit des Neuen Testaments teilt mit seiner heidnischen Umwelt die Auffassungen über Träume und deren Wertschätzung. Jüdische Traumdeuter gelten als besonders kompetent, weil sie das Wissen des Alten Orients in die griechische Welt vermitteln. Die alttestamentlichen Erzählungen werden mit Träumen ausgeschmückt, auch jüdische Philosophen wie Philo von Alexandrien schreiben Bücher über Träume.[31] Berühmte Rabbinen erscheinen ihren Schülern in Träumen. Die Texte der Heiligen Schrift werden nach den gleichen Prinzipien ausgelegt wie Träume, dabei greift man auch auf das reiche Wissen der heidnischen Antike zurück.

Skepsis und Distanz zum Traum

Im entstehenden Christentum wird nun der Traum nicht zu einem zentralen Offenbarungsmedium. Hier finden wir auch keine Traumdeuter, im Gegenteil: Noch anfangs des 3. Jahrhunderts werden Traumdeuter in einer Liste von Berufen erwähnt, deren Vertreter nicht zur Taufe zugelassen werden. „Wenn wir von der römisch-hellenistischen Welt auf das Neue Testament blicken, müssen sowohl die Zurückhaltung des NT dem Traum gegenüber, aber noch mehr der spezifische Charakter der erzähl-

---

[30] Zitiert bei FRENSCHKOWSKI 1998, S. 12. Das Original steht im Ägyptischen Museum in Kairo, eine Abbildung findet sich in NÄF, S. 77.
[31] Von seinen 5 Büchern „de somnis" sind nur zwei erhalten.

ten Träume außerordentlich stark auffallen."[32] In den Listen, welche die wichtigen Kompetenzen und Funktionen in christlichen Gemeinden aufzählen, fehlt Träumen und Traumdeuten (Röm 12; 1 Kor 12; Eph 4). In der Gemeinde in Korinth betrifft die Frage der Deutung nicht das Träumen, sondern das „Zungenreden". Dieses ist der verständlichen „prophetischen Rede" gegenübergestellt, beide gehören jedoch zu den Geistesgaben (1 Kor 14). Ob Paulus mit seinen „Erscheinungen und Offenbarungen" in 2 Kor 12,1-10 auch Träume meint, bleibt offen. Während in der Zeit der ersten Kirche zahlreiche Bekehrungen zum Christentum auf Träume zurückgeführt werden, finden wir keine entsprechenden Hinweise im Neuen Testament – außer man will die Vision des Hauptmanns Kornelius (Apg 10,3) zu den Träumen rechnen.

Auch die Ostererfahrungen – die Erscheinungen des Auferstandenen – werden nirgends mit Träumen in Verbindung gebracht, obwohl in der Antike der Traum das verbreitete Mittel ist, um mit Verstorbenen in Kontakt zu kommen. Diese Vorstellung steht wohl auch hinter der Bitte des reichen Mannes an „Vater Abraham" in der Unterwelt, den armen Lazarus zu seinen Kindern zu schicken, um sie zu warnen. Auf Mose und die Propheten werden sie nämlich nicht hören, meint der Reiche, sondern nur *„wenn einer von den Toten* (im Traum) *zu ihnen kommt, werden sie umkehren"* (Lk 16,30).

Gott kann auch durch Träume führen

Trotz dieser für die damalige Zeit bemerkenswerten Skepsis und Distanz zum Traumglauben, lesen wir von einer generellen Kritik, wie sie uns etwa im Buch Jeremia entgegenkommt, im Neuen Testament nichts. Berichte von Träumen kommen jedoch nur im Matthäusevangelium (vgl. Bibelarbeit 5) und in der Apostelgeschichte vor. Im Markus- und Johannesevangelium lesen wir nichts von Träumen. Auch die Offenbarung des Johannes enthält im Gegensatz zu manchen zeitgenössischen jüdischen Apokalypsen keine Traumberichte.

In den Geburts- und Kindheitslegenden bei Matthäus sind es Engelerscheinungen, die alle letztlich das Ziel haben, das Leben des neugeborenen Messias zu beschützen. Die sprachliche Wendung, die Matthäus braucht („im Traum erscheinen"), steht so weder im Alten noch sonst im Neuen Testament, sondern ist vor allem aus Inschriften bekannt, die den Bau eines Gebäudes oder das Aufstellen einer Statue auf eine Traumerscheinung zurückführen.

---

[32] FRENSCHKOWSKI 1998, S. 9

Die Träume im Matthäusevangelium bedürfen keiner Deutung. Im Neuen Testament wird generell die Offenbarung Gottes „vereindeutigt". „Die göttliche Führung stellt den Menschen nicht vor Rätsel, ... sondern sie spricht in einfachen, verständlichen Weisungen. Diese können zwar an der menschlichen Verweigerung dem göttlichen Willen gegenüber scheitern, nicht aber daran, dass er sie sozusagen intellektuell nicht versteht."[33] Diese „Vereindeutigung" der Offenbarung führt gegenüber dem Alten Testament zu einer Reduzierung der verschiedenen Arten, von Träumen und ihren Deutungen zu reden.

Bei Lukas spielen Träume in den Geburts- und Kindheitslegenden keine Rolle. Der Engel Gabriel tritt in Marias Wachwelt ein und spricht mit ihr (Lk 1,28). In der Apostelgeschichte dagegen wird der Traum zu einem wichtigen literarischen Mittel, um Gottes Führung zu verdeutlichen. In Apg 16,9 erscheint Paulus nachts ein Makedonier und bittet ihn, „herüberzukommen". Es geht um die Frage, ob die Verkündigung des Evangeliums über Kleinasien hinaus nach Europa gelangen soll. Der Traum (wörtlich ist es eine Nachtvision) wird von den Leuten um Paulus sehr ernst genommen: *Kaum hatte er die Vision gehabt, setzten wir alles daran, nach Makedonien hinüberzugelangen, in der Überzeugung, dass Gott uns gerufen hatte, den Menschen dort das Evangelium zu verkündigen. (Apg 16,10)* In 18,9 und 23,11 spricht Christus, in 27,23 ein Engel Gottes zu Paulus im Traum, um ihn zu seiner Sendung zu ermutigen. Paulus selbst schweigt in seinen Briefen bezüglich einer allfälligen Bedeutung von Träumen im Hinblick auf seine Missionstätigkeit.

7 Frauen und Träume – Frauenträume

Träume sind Gefühle in bewegten Bildern.
(Brigitte Holzinger)

In der Bibel spielen Frauen im Zusammenhang mit Träumen nur eine winzige Rolle. Frauen sind zwar oft mitbetroffen von den Konsequenzen, die Männer aufgrund ihrer Träume ziehen (so etwa Lea und Rahel vom Traum Jakobs, Maria vom Traum Josefs, Sara vom Traum Abimelechs), aber sie kommen als Trauminhalt nicht vor: Josef träumt nicht von Maria, sondern von einem Engel, der etwas über sie sagt.

---

[33] FRENSCHKOWSKI 1998, S. 11

Was aber träumten die Frauen damals selber? Wer deutete ihre Träume, welche Konsequenzen konnten sie daraus ziehen? Die Frage, ob Frauen anders träumen als Männer, beschäftigt übrigens auch die heutige Traumforschung.[34]

Pilatus hört nicht auf den Traum seiner Frau (vgl. Bibelarbeit 5). Die Erwähnung dieses einzigen Frauentraums im Neuen Testament bei Matthäus (27,19) zeigt vielleicht, dass eigentlich Frauenträume als genauso „wahr" und bedeutsam galten wie die Träume der Männer, aber aufgrund der gesellschaftlichen Stellung der Frauen weniger Einfluss auf Entscheidungen in der Wachwelt hatten. Das änderte sich – leider nur kurzfristig – im frühen Christentum. „Indem das Christentum neue soziale Lebensformen geschaffen hat, ist mindestens zeitweise auch Raum für eine stärkere Berücksichtigung von Traumberichten und ihrer Deutung durch Frauen entstanden."[35] Bekannt wurden die Traumaufzeichnungen der Perpetua im Gefängnis von Karthago (um 200), die als Zeugnis des Heiligen Geistes interpretiert wurden und im Gegensatz zu den neutestamentlichen Traumberichten wieder weniger vereindeutigte, dafür traumähnlichere Symbolbilder enthalten.

Im Alten Testament gibt es nur einen Frauentraum. Er steht in der Gedichtesammlung des Hohenlieds (3,1-5). Eine junge Frau sucht im Traum ihren Geliebten. Sie durchwandert die Stadt – etwas, was sie in der Wachwelt wohl nicht durfte – und kommt an den Wächtern vorbei, die ihr jedoch nichts tun. Da findet sie ihn und nimmt ihn mit ins Haus der Mutter. Was weiter geschieht, kann sich der Leser vorstellen: *Weckt nicht, stört nicht die Liebe, solange die Lust währt.*

Obwohl im Text nicht ausdrücklich von einem Traum die Rede ist, sind diese Verse von allen Texten der Bibel diejenigen, die einem wirklichen Traum am nächsten kommen. Die Frau setzt sich darin mit ihrer Sehnsucht nach dem Geliebten und den gesellschaftlichen Instanzen, die dieser entgegenstehen, auseinander. „Gefühle und Stimmungen im Traum dramatisiert. Man kann sich nur wundern über so viel Ahnung und Einblick in das Wesen der Träume. Vielleicht, weil eine Frau das Gedicht verfasst hat?"[36]

---

[34] SCHREDL, S. 35ff.
[35] NÄF, S. 135
[36] SEYBOLD, S. 47

II. Teil

Methodische Einführung

1 Modellieren – eine alte Kulturtechnik

Der Töpfer knetet mühsam den weichen Ton, um daraus Gefäße zu unserem Gebrauch zu formen. Aus dem gleichen Lehm bildet er solche, die sauberen Zwecken dienen, und solche für das Gegenteil, alle in gleicher Weise; über den Gebrauch eines jeden entscheidet der Töpfer.
(Aus dem Buch der Weisheit)

Modellieren gehört zu den ältesten Kulturtechniken der Menschheit. Nicht nur Gebrauchsgegenstände wie Gefäße, Ziegel (vgl. Nah 3,14), Spindeln oder Schreibunterlagen (vgl. Ez 4,1 oder Ijob 38,14), sondern auch symbolische Gegenstände wie Figuren, Schmuck oder Kunstwerke werden seit Jahrtausenden aus Ton hergestellt. Dass Werke aus Ton durch Brennen haltbar gemacht werden können, entdeckte man vermutlich – wie so manches – durch „Zufall", indem man feststellte, dass ein Lagerfeuer den Lehmboden darunter veränderte.

Die ältesten Funde aus gebranntem Ton sind Figuren. Sie sind etwa 24000 Jahre alt. Gefäße vermochte man erst später zu formen. In Asien wurden aus dem 8. Jahrtausend v. Chr. die ersten Töpfe in „Spiralwulsttechnik" gefunden, die modelliert wurden, indem man lange Tonwülste spiralförmig aufeinanderlegte und dann verstrich. In Palästina tauchten solche Gefäße erst im 4. Jahrtausend v. Chr. auf. Eine erste technische Neuerung waren Drehmatten, deren Abdrücke auf der Unterseite der Töpfe noch sichtbar sind. Erst gegen Ende des 3. Jahrtausends finden sich Töpferscheiben, ab etwa 2000 auch „schnell drehende", die eine größere Produktion von Töpferwaren ermöglichten. Im Alten Testament wird die Töpferscheibe nur bei Jeremia erwähnt, als dieser einen Töpfer besucht, der gerade an den „zwei Steinen" arbeitet (Jer 18,3). Die Töpferscheiben bestanden aus zwei runden Steinscheiben, die – ähnlich wie Mühlen – durch einen Zapfen bzw. eine entsprechende Vertiefung in der Mitte aufeinandergehalten wurden. Erst um 200 v. Chr. wurde die fußbetriebene Töpferscheibe entwickelt, die dann zur Zeit des Neuen Testaments sehr verbreitet war. Aus dieser Zeit stammt die folgende Beschreibung der Arbeit des Töpfers: *Arbeiten muss auch der Töpfer, der vor seiner Arbeit sitzt und mit seinen Füßen die Scheibe dreht, der unaufhörlich um seine Arbeit besorgt ist und dessen ganzer Eifer der großen Anzahl gilt, der mit dem Arm den Ton knetet und ihm mit den Füßen die Zähigkeit nimmt, der seinen Sinn auf die Vollendung der Glasur richtet und darauf bedacht ist, den Ofen richtig zu erhitzen. (Sir 38,29-30)* Das Ansehen des Töpfers war gering, seine Arbeit hart und schmutzig. Ton galt als „billiges" Material, es war in Fülle vorhanden wie Staub (Ijob 27,16). Im Traum Daniels (Dan 2) ist es das vergänglichste und wertloseste der aufgezählten Materialien (nach Gold, Silber, Bronze und Eisen).

Auf der anderen Seite wurde das Modellieren aus Ton zum Symbol für die schöpferische Tätigkeit Gottes. Dieser erschafft im Schöpfungsbericht Gen 2 die Menschen (Vers 7) und die Tiere (Vers 19), indem er sie aus Erde formt (vgl. Jes 64,7). Darauf gründet einerseits die prinzipielle Gleichheit unter den Menschen: *Sieh, vor Gott bin ich wie du, vom Lehm genommen bin auch ich* (so Elihu in Ijob 33,6), andererseits das Verhältnis der Menschen zu Gott (Jer 1,5; Ijob 10,9; Ps 139,13-15). Gott kann über den Menschen völlig verfügen, genauso wie der Töpfer über sein Gefäß, das er wieder zusammendrückt, wenn es nicht gut ist, um etwas Neues daraus herzustellen (Jes 29,16; Jes 45,9-11; Jer 18,4-6; Röm 9,20-21). Das Stampfen des Tons (Jes 41,25) oder das Zerbrechen fertig gebrannter Tonware (Jes 30,14; Jer 19,1.10-11) werden in der Unheilsprophetie zu Bildern für die totale Vernichtung.

Die zweite, kulturell ebenso zentrale „Modelliermasse" war der Teig. Auch der Übergang vom Getreidebrei zum zunächst nur auf heißen Steinen gebackenen Fladenbrot ist wohl eine „Zufallserfindung". Die Entwicklung von Backöfen aus Ton, die dem Teig gleichmäßige Hitze zukommen ließen, führte dazu, dass Brote geformt werden konnten. Die Entdeckung des Säuerungsprozesses durch Hefepilze, etwa im 6. Jahrtausend v. Chr. in Ägypten, machte das Kneten des Teigs nötig.

In der Bibel ist der Umgang mit Teig Sache der Frauen. Sie kneten und backen für die Männer (Gen 18,6: Sara für die drei Besucher; 1 Sam 28,24: die Totenbeschwörerin für Saul; 2 Sam 13,8: Tamar für Amnon) oder auch für kultische Zwecke: *Die Kinder sammeln Holz, die Väter zünden das Feuer an, und die Frauen kneten den Teig, um für die Himmelskönigin Opferkuchen zu machen. (Jer 7,18)*

Wenn wir in diesen Bibelarbeiten zu Träumen modellieren, klingt der kulturelle Hintergrund des Töpferns und Backens mit. Kneten und modellieren waren immer Arbeiten, in welchen Frauen und Männer sich jedoch gestalterisch frei verhielten und ihre Kreativität einbrachten – darum konnte diese Tätigkeit zum Sinnbild für Gottes schöpferisches Wirken werden. Kneten und modellieren als Kulturtechniken hatten aber auch mit Nahrung zu tun, mit Versorgung und Fürsorge. Wenn wir unsere Finger mit der weichen Masse spielen lassen, kommen wir in Kontakt mit unserem Ursprung und Werden.

2 Einsatz und Ablauf der Methode

Der leicht formbare Ton regt jeden, vom Kind bis zum Künstler, zum Gestalten an. ... Es ist ein eindrucksvolles Material, weil es weich, sinnlich, matschig und schmutzig ist.
(Johanna Maria Huck-Schade)

Die meisten Menschen, auch wenn sie vielleicht im Kindergarten zum letzten Mal „mit Knete gespielt" haben, empfinden das Modellieren als Tätigkeit angenehm und entspannend. Es gibt zwei Hürden, die manchmal zuerst überwunden werden müssen: die Scheu vor „dreckigen Händen" und die Befürchtung, das Ergebnis werde am Ende bewertet. Beide werden am besten gleich zu Beginn angesprochen.
Modellieren als Methode in der Erwachsenenbildung hat keinerlei künstlerischen Anspruch. Sie wird eher prozessorientiert als ergebnisorientiert eingesetzt. Entsprechend zielen auch die Auswertungsgespräche nicht auf eine Interpretation oder gar Bewertung der Modellate, sondern auf das, was die Teilnehmenden während des Modellierens wahrgenommen, erlebt und gedacht haben.
In diesen Bibelarbeiten setzen wir die Methode des Modellierens meist (außer in Bibelarbeit 1) als einführende oder vertiefende Einzelarbeit ein. Das ermöglicht den Teilnehmenden, von den Impulsen der Hände auszugehen und etwas entstehen zu lassen, ohne sich zuvor im Kopf einen Plan zurechtzulegen oder ein Ergebnis vorzustellen. Dies wird noch verstärkt, wenn nicht an Tischen und auf Unterlagen, sondern frei, nur mit der Modelliermasse in den Händen, gearbeitet wird – vielleicht sogar mit geschlossenen Augen. Beide Hände bleiben so immer in engem Kontakt mit der ganzen Modelliermasse. Auf diese Weise bleibt das Modellat ein einziges Stück, das seine Gestalt immer wieder verändert, so lange, bis die modellierende Person spürt, dass die für sie stimmige Form entstanden ist. So sind überraschende Entdeckungen möglich, wenn die Modellate danach betrachtet werden.
Wenn zu Beginn vereinbart wird, dass während der Phase des Modellierens nicht gesprochen wird, entsteht meist eine sehr konzentrierte und dichte Stimmung. Die Teilnehmenden sind dann ganz bei sich. Darum ist es wichtig, gegen Ende der Sequenz vorsichtig anzukündigen, wie viele Minuten jetzt noch zur Verfügung stehen, um sie nicht aus dem Kontakt mit ihrem Inneren herauszureißen.

Die Modelliermasse wird vor Beginn der Bibelarbeit auf einem Tisch im Raum bereitgestellt. Für jede Person soll eine Menge vorhanden sein, die gut in beiden Händen gehalten werden kann. Die Portionen können abgemessen sein, die Teilnehmenden können aber auch mehr Material holen oder übriges zurückzulegen. Um größere Blöcke zu teilen, eignet sich Draht. Wenn mit Ton gearbeitet wird, muss evtl. auch etwas Wasser bereitgestellt werden.

Das Modellieren beginnt in jedem Fall mit dem Ankneten, nachdem die Aufgabenstellung bekannt gegeben wurde. Die Teilnehmenden nehmen ihren Klumpen in beide Hände und kneten ihn. Bei dieser meditativen Tätigkeit in der Stille kommen die Gedanken und Gefühle in Fluss. Wird frei ohne Tische modelliert, geht das Ankneten unmerklich über ins Gestalten. Wenn an Tischen gearbeitet wird, werden die Teilnehmenden irgendwann die weich geknetete Masse auf die Unterlage legen und mit dem Gestalten beginnen.

Für die Auswertungsgespräche werden die Modellate auf einen Tisch oder in die Kreismitte gestellt. Die Teilnehmenden äußern sich zu ihrem eigenen Modellat. Da das Modellieren zwar an einem Text und Thema anknüpft und durch eine Aufgabenstellung gelenkt wird, aber dann einen reflexiven und assoziativen Prozess auslöst, sind die anschließenden Auswertungsrunden recht offen. Manche Teilnehmende werden sich auf die fertige Form beziehen, andere werden berichten, was ihnen während des Modellierens zum Thema oder zum Text durch den Kopf ging. Da die Äußerungen in jedem Fall sehr individuell und persönlich sind, sollen die Auswertungsgespräche nicht in Diskussionen münden, sondern Beobachtungen zusammentragen.

Wenn mit Ton oder Salzteig gearbeitet wird, können die Modellate an einem geeigneten Ort zum Trocknen aufgestellt und bis zur letzten Kurseinheit gesammelt werden. Oder die Teilnehmenden tragen sie vorsichtig nach Hause – dann muss für geeignetes Verpackungsmaterial gesorgt sein. Wird Plastilin verwendet oder das Material wieder benutzt, müssen die Modellate zu Blöcken oder Kugeln zurückgeknetet werden. Das fällt manchen Teilnehmenden nicht immer leicht. Wichtig ist, dass dafür innerhalb der Kurszeit Raum besteht und dass diese Sequenz genauso sorgfältig gestaltet und geleitet wird wie alle anderen. Mit welchen inhaltlichen Gedanken dieses Zurückkneten begleitet werden kann, ist in den methodischen Kommentaren zu den einzelnen Bibelarbeiten angedeutet.

3 Praktische Hinweise

Planung einer Kursreihe

Für die Planung einer Kursreihe mit der Schwerpunktmethode Modellieren ist die Wahl des Materials entscheidend. Wird eine Modelliermasse verwendet, die aushärtet, können die Modellate aus den einzelnen Bibelarbeiten aufbewahrt werden. Das ermöglicht am Ende der Kursreihe einen Rückblick anhand der Modellate, der sowohl die behandelten Themen, Texte und biblischen Figuren nochmals ins Gedächtnis ruft wie auch den persönlichen Weg der einzelnen Teilnehmerin, des einzelnen Teilnehmers sichtbar macht.
Wird dagegen eine Modelliermasse gewählt, die wiederverwendbar ist, braucht es am Ende jeder Bibelarbeit Zeit, die Modellate wieder zu Blöcken oder Kugeln zurückzukneten, sie gleichsam zu verdichten.
Denkbar ist eine Einstiegseinheit vor den Bibelarbeiten, in der die Teilnehmenden sich kennenlernen, ihre Einstellungen und Erfahrungen zum Thema Träume austauschen, Hintergrundwissen über Träume und Traumdeutung in biblischer Zeit erhalten und sich mit der Methode und dem Material des Modellierens vertraut machen oder dieses sogar selber herstellen.
Von den Bibelarbeiten in diesem Buch eignet sich die Bibelarbeit 1 zum Psalm 126 besonders für den Einstieg, weil sie mit den eigenen Traumerfahrungen beginnt und von einem weiten Traumverständnis ausgeht. Die Bibelarbeit 6 eignet sich besonders gut für den Abschluss einer Kursreihe, weil sie Raum lässt für eine Reflexion über das „Hören auf Gottes Stimme". Die Reihenfolge der übrigen Bibelarbeiten ist ein Vorschlag, der auch variiert werden kann.

Raum

Die Schwerpunktmethode Modellieren stellt keine großen Anforderungen an den Raum. Günstig ist eine nahe Gelegenheit zum Händewaschen, vor allem, wenn mit Ton gearbeitet wird.
Materialspuren lassen sich bei allen Modelliermassen leicht beseitigen, sodass es meistens nicht nötig ist, Tische abzudecken. Bei Wachsplastilin können auf Textilien Fettflecken entstehen. Wenn an Tischen gearbeitet wird, ist eine Unterlage aus festem Papier oder Karton nützlich, weil damit dann die Modellate leichter transportiert werden können.

Material

In Werk- und Bastelgeschäften sind verschiedene Modelliermassen erhältlich. Ungeeignet für die Methode, wie wir sie verwenden, sind Materialien für filigranes Arbeiten wie Fimo.
Für die Wahl des Materials werden folgende Fragen entscheidend sein: Soll die Modelliermasse mehrmals verwendet werden können oder sollen die Modellate aufbewahrt werden? Wollen wir immer mit dem gleichen Material arbeiten oder abwechseln? Wie hoch dürfen die Kosten sein?
Im Folgenden werden die Materialien kurz vorgestellt, die sich am meisten eignen.

Ton
Ton ist kostengünstig (in größeren Mengen in Töpfereien oder Ziegeleien erhältlich), natürlich und wieder verwendbar. Er muss vor dem Gebrauch angeknetet werden, evtl. auch mit Wasser. Die Modellate lassen sich einerseits gut trocknen und aufbewahren, andererseits hält sich Ton luftdicht verpackt gut einige Wochen. Ton gibt es in verschiedenen Erdfarben, er ist als Material auch nahe an biblischer Symbolik.

Salzteig
Salzteig ist eine Modelliermasse, die kostengünstig und einfach selber herzustellen ist. Er besteht aus einem Teil Salz, zwei Teilen weißem Weizenmehl und einem Teil Wasser. Mit etwas Tapetenkleister können Haltbarkeit und Konsistenz erhöht werden. Salzteig kann man mit Wassermalfarbe oder Lebensmittelfarbe färben. Luftdicht verpackt bleibt er, im Kühlschrank aufbewahrt, einige Wochen gebrauchsfertig.
Die Modellate trocknen an der Luft oder können im Backofen bei niedriger Temperatur ausgehärtet werden, bleiben aber wasserempfindlich.

Plastilin
Plastilin wurde bereits 1880 als „Kunst-Modellierthon" erfunden und ist in Spielwaren- und Bastelgeschäften in verschiedenen Farben erhältlich. Relativ natürlich ist Wachsplastilin. Es macht weniger dreckige Hände als Ton und muss nur kurz angeknetet werden. Die Modellate lassen sich jedoch nicht trocknen und schlecht aufbewahren (aufgrund des Wachses verformen sie sich bei Wärme).
Eine plastilinartige Modelliermasse lässt sich auch selbst herstellen. Dazu werden 400 g Mehl, 200 g Salz und 11 g Alaunpulver oder Weinsteinpulver gemischt und mit einem halben Liter kochendem Wasser zu einer

Masse gerührt. Diese Masse kann luftdicht verpackt etwa ein halbes Jahr im Kühlschrank aufbewahrt und wieder verwendet werden.

Zeit

Die Bibelarbeiten sind von uns auf eine Zeitspanne von 150 Minuten geplant. Wir rechnen damit, dass an geeigneter Stelle im Ablauf eine Pause eingeschoben wird.
Das Modellieren selber braucht nicht viel Zeit. Eingeplant werden muss jedoch das Zurückkneten, wenn die Modellate nicht mitgenommen oder bis zum Abschluss des Kurses zur Seite gestellt werden können.
In den Bibelarbeiten beziehen wir zwar Traumerfahrungen der Teilnehmenden mit ein, es ist jedoch nicht vorgesehen, intensiver auf aktuelle Träume im Zeitraum des Kurses einzugehen. Wer Träumen der Teilnehmenden Raum lassen möchte und über die entsprechenden Kompetenzen einer in diesem Rahmen sinnvollen Bearbeitung von Träumen verfügt, muss insgesamt zeitlich flexibler planen und sich zuvor schon überlegen, welche methodischen Schritte gekürzt oder weggelassen werden sollen.

Voraussetzungen bei der Leitung

Die Methode des Modellierens stellt keine großen Anforderungen. In einem Leitungsteam können sich diejenigen Personen, die in dieser Phase nicht die Verantwortung für den Ablauf innehaben, an dieser kreativen Arbeit mitbetätigen.
Wie bei allen Methoden ist es unabdingbar, eigene Erfahrungen damit gemacht zu haben, bevor man sie einsetzt. Wichtig ist, die Modelliermassen auszuprobieren, vor allem, wenn man sie selber herstellt.

Texte

In den Bibelarbeiten verwenden wir Textblätter, die von der Leitung zusammengestellt und kopiert werden. Wir schlagen manchmal eine Gliederung der Texte für die Textblätter vor, die den Sequenzen der Bibelarbeit entspricht. Sie ist jeweils im methodischen Kommentar zu den Bibelarbeiten angegeben.
In einigen Bibelarbeiten sind Leitfragen oder Anweisungen genannt, die mit auf den Textblättern abgedruckt werden sollen.

III. Teil

Bibelarbeiten

1 Sein wie Träumende (Psalm 126)

Im Traum erfüllen sich auch unerfüllbare Wünsche, wird auch Unmögliches möglich. Als Traum bezeichnen wir darum auch Hoffnungsbilder, die uns in schwierigen Zeiten Orientierung geben und uns motivieren, Schritte zur Verbesserung einer Situation zu unternehmen.

Das Gebet in Psalm 126 zeigt, dass der Traum vom verwirklichten Heil Menschen fähig machen kann, um eine Wende zu bitten und sie dadurch auch bereit macht, diese Wende mitzuvollziehen und mitzugestalten.

Dauer	Inhalt und Vorgehen	Material
40'	**„Wir waren wie Träumende"** *Plenum im Sitzkreis* Begrüßung und Einführung in das Thema *Plenum stehend im Raum* Text stehend mit geschlossenen Augen hören Text im Gehen dreimal laut lesen Text nochmals hören, zuletzt noch einmal Vers 1 *Einzelarbeit auf gemeinsamen Papierbögen* Malen mit geschlossenen Augen Die entstandenen Bilder betrachten *Plenum im Sitzkreis* Austausch • Was bedeutet für mich „Sein wie Träumende"?	Textblätter weiße Papierbögen weiche Malkreiden
50'	**Der Traum vom Zion** *Plenum im Sitzkreis* Hintergrundinformationen zum Zion (siehe Seite 49) *Gruppenarbeit (Dreiergruppen)* • In welcher Situation standen die Beterinnen und Beter dieses Psalms? • Welche Themen beinhaltet der Psalm? • Welche Gefühle drückt der Psalm aus? Titel für den Psalm auf Papierstreifen schreiben *Plenum im Sitzkreis* Gruppenergebnisse vorstellen	Papierstreifen Schreibstifte Pinwand

45'	**Unsere „Traumorte"** *Gruppenarbeit (drei Gruppen)* Leitfragen: • Welche Orte kommen in unseren Träumen vor? • Wie wäre für uns ein Ort, an dem Menschen zusammenkommen und Gott nahe sind? „Traumort" modellieren *Plenum im Sitzkreis* „Traumorte" vorstellen	Modelliermasse (Wachsplastilin) 3 Karton A3 farbiges Papier
15'	**Was bleibt?** *Gruppenarbeit* Modellate abräumen *Plenum im Sitzkreis* • Welche Hoffnung trage ich in mir? Vers 4 in verschiedenen Übersetzungen hören	Klangschale Textblätter mit Vers 4

Kommentar

Einrichtung im Raum
In der Mitte wird ein Stuhlkreis gestellt. Große, weiße Papierbögen – je einer für 3-4 Personen – liegen auf Tischen am Rand oder sind an der Wand befestigt. Dabei liegen weiche Malkreiden, je eine pro Person. Auf drei weiteren Tischen ist das Material für das Modellieren bereitgestellt. Für die Gruppenarbeit stehen idealerweise zusätzliche Räume zur Verfügung.

Textblätter
Das erste Textblatt enthält Psalm 126 in der Übersetzung der Neuen Zürcher Bibel.
Auf einem zweiten Blatt ist Vers 4 in verschiedenen Übersetzungen abgedruckt.

„Wir waren wie Träumende"
In diesem ersten Schritt werden die Teilnehmenden an den Text herangeführt. Im mehrmaligen Lesen und Hören wird der Text vertraut und bleibt gleichzeitig geheimnisvoll und vielschichtig. Zuerst liest die Leitung den Psalm laut vor, die Teilnehmenden hören ihn im Stehen mit geschlossenen Augen. Danach werden die Textblätter verteilt. Im Gehen

lesen die Teilnehmenden gleichzeitig den Psalm dreimal laut in ihrem Tempo, mit ihrer Betonung und in ihrer Stimmlage. Auf diese Weise entfaltet sich ein Klangteppich im Raum, der erst mit den letzten gelesenen Worten verklingt. Nochmals liest die Leitung den Psalm (Verse 1-6 und wieder Vers 1). Mit geschlossenen Augen lassen die Teilnehmenden den Bibeltext neu auf sich wirken.
Mit den Worten „ ... waren wir wie Träumende" im Ohr, setzen sich die Teilnehmenden ruhig an die Tische am Rand oder stellen sich vor die Papierbögen an der Wand, nehmen eine Kreide und malen mit geschlossenen Augen „träumerisch" in freier Bewegung auf den weißen Papierbogen.
Es ist wichtig, dass die Anleitungen zur Textlesung und zum Malen ruhig und klar gegeben werden, damit keine Verwirrung entsteht und die Teilnehmenden sich vertrauensvoll einlassen können.
Nach dem Malen gehen die Teilnehmenden im Raum umher und betrachten die entstandenen Bilder. Das anschließende Plenumsgespräch zur Frage, was „Sein wie Träumende" bedeutet, bezieht sich sowohl auf den biblischen Text wie auf die beim Malen gemachten Erfahrungen.

Der Traum vom Zion
Im Psalm 126 wird berichtet, dass Gott Zions Geschick wandte. Zum besseren Textverständnis und im Hinblick auf die nachfolgende Gruppenarbeit gibt die Leitung Informationen zum Begriff Zion und zu seiner Bedeutung für die Psalmbeterinnen und -beter.
In Gruppen gehen die Teilnehmenden mit ihren Textblättern, Schreibstiften und Papierstreifen in die zur Verfügung stehenden Räume. Gemeinsam wird überlegt, in welcher Situation sich wohl die Psalmbeterinnen und -beter befanden, welche Gefühle sie hatten und was sie beschäftigte. In diesem Gespräch in der Gruppe zeigt sich, dass der Text viele Fragen aufwirft und wir nicht genau wissen, was Traum und was Wachwelt ist, was erfüllt oder erhofft wird. Angeregt durch die Diskussion, denken sich die Teilnehmenden einen oder mehrere Titel für den Psalm aus, die sie auf Papierstreifen notieren. Im Plenum werden diese an eine Magnetwand oder Pinnwand geheftet und die Titel werden von den Gruppen vorgestellt und kommentiert.

Unsere „Traumorte"
Für das Modellieren sind drei Tische vorbereitet. Auf jedem liegt eine Kartonunterlage (A3), darauf ein farbiges, dickes Papier und eine große Portion Wachsplastilin in jeweils einer anderen Farbe. Die Teilnehmen-

den wählen die Farbe des Plastilins, die sie anspricht, und so bilden sich drei Gruppen.

Das Gruppengespräch geht aus von den persönlichen Träumen der Teilnehmenden. Sie tauschen aus, welche Orte in ihren Träumen auftauchen, welche Bedeutung sie ihnen zuschreiben und welche Gefühle sie mit ihnen verbinden. In einem zweiten Schritt denken sie sich einen Ort aus, an dem Menschen zusammenkommen und Gott nahe sind, einen Ort, der für sie eine ähnliche Bedeutung hat wie der Zion für die Psalmbeterinnen und -beter. Die Sehnsucht nach dem Zion, wie sie uns im Psalm entgegenkommt, können wir so nicht mehr nachvollziehen. Wir brauchen aber auch solche Vorstellungen von „Traumorten", die uns Kraft und Energie schenken und Perspektiven eröffnen.

In den Gruppen geben die Teilnehmenden in einem gemeinsamen Prozess ihrem „Traumort" eine Gestalt. Anschließend präsentieren sie im Plenum ihre Modellate und berichten von ihrem Gespräch, von ihren Gedanken und Gefühlen beim Gestalten.

Was bleibt?
Wenn wir einen Ort der Sehnsucht in uns tragen, findet er vielleicht Eingang in unsere Träume, bleibt aber unsichtbar für andere. Die „Traumorte", die hier in der Gruppenarbeit modelliert werden, sind sichtbar und berührbar. Träume sind flüchtig, sie kommen und gehen. Was von ihnen bleibt, ist eine Erinnerung und die Sehnsucht nach einem neuen Traum. Die Teilnehmenden kehren zurück aus ihren Träumen in die Wachwelt, damit wieder neue Orte der Hoffnung wachsen können.
„Lasse, DU, uns Wiederkehr kehren!"[37]
Einen dargestellten „Traumort" wieder abzuräumen, ist eine heikle Arbeit. Die Leitung führt behutsam dahin: Sie schlägt eine Klangschale an, liest den Vers 4 des Psalms 126 und bittet die Teilnehmenden, ihre Modellate wieder in denselben Gruppen wie zuvor auf die Arbeitstische zu tragen und sie langsam und sorgfältig wieder zusammenzukneten und ihre „Traumorte" damit zu verdichten.

Zurück im Plenum haben die Teilnehmenden Gelegenheit zu sagen, welche Hoffnung sie jetzt in sich tragen. Zum Ausklang wird Vers 4 in verschiedenen Übersetzungen gelesen.

---

[37] Vers 4 in der Übersetzung von Martin Buber: Das Buch der Preisungen, Heidelberg 1986.

Gedanken und Informationen zu Psalm 126[38]

Psalm 126, ein Wallfahrtspsalm
Eine Eigenschaft JHWHs „zieht sich wie ein roter Faden durch alle Geschichten über ihn und durch alle Gebete zu ihm: Er ist immer der Gott der kleinen Leute geblieben!"[39]
Psalm 126 gehört zu den Wallfahrtsliedern (Psalmen 120-134). Diese wurden vermutlich im 4. Jahrhundert v. Chr. von der Jerusalemer Priesterschaft als „Wallfahrtsbüchlein" für Zionspilger zusammengestellt und bilden eine eigenständige Teilsammlung innerhalb des Psalmenbuchs. Die Wallfahrtspsalmen sind in einer Zeit der politischen Unterdrückung, des Gefühls der Gottverlassenheit entstanden. Sie sind Lieder der Hoffnung im verzweifelten und harten Alltag der Beterinnen und Beter, Lieder der „kleinen Leute".

Der Traum der Heimkehrenden
„Wir waren wie Träumende" (Vers 1): Was für ein Traum ist das, den die Menschen hier träumen? Ist es ein Traum der Hoffnung, ihren Weg auch im Exil, nach der Zerstörung der Heimat, zu gehen? Ist es die verbliebene Kraft, niemals aufzugeben und sich für die Zeit der Wende bereitzuhalten? Oder ist es vielleicht einfach die Flucht aus der Realität, statt sich aufzuraffen, um das jetzt Mögliche und Notwendende zu tun? Die babylonische Großmacht eroberte im Jahre 587 v. Chr. Jerusalem. Die Schutzmauern wurden eingerissen und die Häuser aller Vornehmen der Stadt niedergebrannt. Die Oberschicht wurde in die Verbannung nach Babylon geführt. Der Tempel als Ort von Israels Gotteserfahrung und als Mittelpunkt des religiösen Kultes wurde dem Erdboden gleichgemacht (2 Kön 25). Was ist das für ein Gott, der sein Volk und sein Heiligtum heidnischen Völkern preisgibt? Hat nicht Gott selber versprochen: „Meinen Namen werde ich für immer hierher legen, meine Augen und mein Herz werden allezeit hier (im Tempel) weilen" (1 Kön 9,3)? Für uns ist es kaum zu ermessen, was für die Israeliten damals die Zerstörung des Tempels bedeutete. Die Möglichkeit, aus dem babylonischen Exil nach Palästina zurückzukehren, wurde als eine wunderbare Schicksalswende von Gott her verstanden, aber in der Heimat traf man auf Trümmer, Armut und auf die damals Zurückgebliebenen – die Wende war noch nicht wirklich vollzogen.

---

[38] Zu den Psalmen siehe die Bibeltheologische Einführung in WerkstattBibel Band 2 „Vom Klagen zum Jubeln", zu Psalm 126 ebendort die Bibelarbeit 5 „Von Tränen zu Jubel".
[39] ZENGER, S. 349

Vom Traum von der Wende zur Bitte um die Wende
„Als der Herr wandte Zions Geschick, waren wir wie Träumende", so übersetzt die Neue Zürcher Bibel den ersten Vers. Der Psalm beginnt mit einem Traum der Gemeinde, Gott lasse Zion heil und ganz werden. Arthur Weiser übersetzte in der Möglichkeitsform: „Wenn der Herr das Schicksal Zions wendet, dann ist's uns wie ein Traum."[40] Sicher ist das Schicksal Zions noch nicht voll gewendet, denn in Vers 4 bittet die Gemeinde Gott, dass er ihr Geschick erst wenden möge. Aber in seinem Traum sieht das Volk bereits die vollzogene Wende und den wiederhergestellten Zion als „gottgeschenkte Vorwegerfahrung der Zukunft"[41].
Weil der Psalmist um das ganze und heile Jerusalem weiß, leidet er unter der gegenwärtigen Verwüstung. Erst sein Traum von der Wende macht es ihm möglich, mit ganzem Herzen und aus seinem Innersten dafür auch zu beten: „Wende doch, Herr, unser Geschick." Das ist ein Aufschrei der Gemeinde, die um Heil und Ganzheit weiß. „Gewiss ist diese Bitte noch nicht die Veränderung selbst, aber sie ist der Widerstand gegen alle Versuchung, den status quo als unabdingbare, ‚ewige' Realität zu akzeptieren. Nur wer Träume hat und sich um ihre Verwirklichung von Gott her einsetzt, wie dies V. 4 tut, bereitet der Gottesherrschaft den Weg."[42] Der Traum von der Wende führt zur Bitte um die Wende und zeigt damit auch die innere Bereitschaft der Betenden zur Wende an.

Zion
Der Glaube der Gemeinde ist verbunden mit dem konkreten historischen Ort Zion. Dabei handelt es sich um den Hügel von Jerusalem, auf dem die Davidsstadt steht. Der Name Zion wird später oft auch als Bezeichnung für ganz Jerusalem gebraucht. Hier hat Gott versprochen, seinen Namen wohnen zu lassen. Aber nicht nur die Mauern und Türme, der Tempel und der Königspalast allein sind es, die Zion wirklich zum Zion machen. Es ist Gottes Verheißung, allezeit hier gegenwärtig zu sein.
Zion[43] heißt wörtlich „Trockenplatz" und dann auch „Bergrücken" und ist ursprünglich der Name einer befestigten Stadt der Jebusiter auf dem südöstlichen Hügel von Jerusalem (2 Sam 5,7; 1 Chr 11,5). In späterer Zeit wurde Zion zum Begriff für die Heiligtümer Jerusalems sowie für den von König David und Salomo bebauten nordöstlichen Hügel, insbesondere den Palast- und Tempelbezirk. Schließlich wurde dieser Name

---

[40] WEISER, S. 524
[41] ZENGER, S. 153
[42] ZENGER, S. 153
[43] Zum Berg Zion siehe auch die Bibeltheologische Einführung in der WerkstattBibel Band 4 „Zwischen Himmel und Erde", S. 22f.

auf die gesamte Stadt Jerusalem übertragen. Bedeutsam ist Zion in der prophetischen und kultischen Literatur und bezeichnet dort die Gottesstadt (Ps 48,2f.; Jer 31,6), den heiligen Berg (Ps 2,6) und die Wohnung Gottes (Ps 9,12). In exilischer und nachexilischer Zeit ist Zion Symbol des neuen Heils (Ps 14,7; 2,3f.). Im Neuen Testament wird Zion zur Wohnstätte des erlösten Menschen (Hebr 12,22) und zum Sinnbild endzeitlichen Heils (Offb 14,1). Als „Zionismus" schließlich wird die Bewegung im 19. Jahrhundert bezeichnet, die aus der Sehnsucht der Juden nach Rückgewinnung ihrer Heimat entstand und zur Gründung des modernen Staates Israel führte.

Hoffnung und Vertrauen
Der Psalm spricht von der Heilserwartung, die auch in der Zeit der Not noch präsent ist. Möglicherweise gründet sich die ganze Hoffnung auf frühere Erfahrungen der göttlichen Hilfe, die dem Gebet Rückhalt geben. Die Heilserfahrung Israels soll auch den anderen Völkern nicht verborgen bleiben und ihnen zeigen, dass Gott auf Israels Seite ist (Vers 2).
Mit dem Ruf in Vers 4 wird nun die Bitte an Gott, die große Wende herbeizuführen, erst in ihrer religiösen Tiefe ganz verständlich. Ohne dieses vorbehaltlose Vertrauen in Gottes helfende Macht, von dem das Gebet getragen ist, wäre es eine Vermessenheit, von Gott solches zu fordern.
Vers 5 spricht davon, dass mit Tränen gesät wird, bevor mit Jubel geerntet werden kann. Nach Weiser spricht das Bild von der Tränensaat nicht nur von der zeitlichen Aufeinanderfolge von Saat und Ernte. Es ist auf seinem zeitgeschichtlichen Hintergrund zu verstehen und spiegelt verschiedene Bräuche der Völker wieder, die zeigen, dass die Zeit der Saat auch als Trauerzeit galt. Die Aussaat wird betrachtet als Bild für einen Naturvorgang. Das Samenkorn ist Symbol für sterbendes und auferstehendes Leben. Es erinnert an das neutestamentliche Gleichnis vom Weizenkorn, das erst sterben muss, um Frucht zu bringen (Joh 12,24; 1 Kor 15,36). Es erinnert uns auch daran, dass wir, wie das Volk Israel, manchmal Pläne und Visionen zuerst sterben lassen und begraben müssen, damit wirklich Neues wachsen kann. Tränensaat und Jubelernte gehören oft zusammen. „Auch Leiden und Sterben gehört zu Gottes Heilswerk; es ist göttliche Saat, die im Verborgenen keimt und entgegenreift der segensreichen Ernte Gottes."[44]

---

[44] WEISER, S. 526

Literatur

KLEINES STUTTGARTER BIBELLEXIKON, Stuttgart 1972.
KRAUS, H.-J., Psalmen (BKAT XV, 1-3), Neukirchen-Vluyn 1961-1979.
ÖKUMENISCHER ARBEITSKREIS FÜR BIBELARBEIT, Psalmen (Bibelarbeit in der Gemeinde 4), Basel/Zürich 1993.
OTTO, E., Artikel „Zion", in: Religion in Geschichte und Gegenwart (RGG⁴), Tübingen 2005.
SCHÄFER, B./STEINER, E./ZANETTI, C., Vom Klagen zum Jubeln. Die bewegende Kraft der Psalmen (WerkstattBibel 2), Stuttgart 2002.
WEISER A., Die Psalmen (ATD 14/15), Göttingen 1973^8.
ZENGER, E., Die Nacht wird leuchten wie der Tag, Freiburg 1997.

2   Dieser Baum bist Du! (Daniel 4)

Eines der geläufigsten Traumsymbole ist das des Baums. Im vierten Kapitel des Buches Daniel spielt ein solcher Traum, noch dazu ein „Königstraum", eine entscheidende Rolle: Wovon träumt der König eigentlich, wenn er sich als Baum sieht? Was könnte ihm dieser Traum sagen? Und was könnte das für uns bedeuten?

Dauer	Inhalt und Vorgehen	Material
45'	**Ich – ein Baum** *Plenum im Sitzkreis* Begrüßung und Einführung in das Thema *Einzelarbeit mit Arbeitsblatt* Sich selbst als Baum beschreiben *Zweiergespräche* Ergebnisse austauschen *Plenum im Sitzkreis* Text (Dan 4,7-9) verteilen und lesen • Was unterscheidet diesen Traumbaum von meinem?	Arbeitsblätter (siehe Seite 53) Textblätter 1
35'	**Der mächtige König** *Plenum im offenen Sitzkreis* Dan 4,26-27 als Überleitung erzählen Spiel mit Requisiten Sich als Mächtige im Raum bewegen *Einzelarbeit* „Symbole der Macht" modellieren *Plenum* „Symbole der Macht" still betrachten	Garderobenständer Papierkrone rotes Tuch goldenes Tuch Modelliermasse
40'	**Der Traum vom Niedergang** *Gruppenarbeit* • Wer/was könnte diese Wächterfigur sein? • Wie fühlst du dich, wenn du dich in den Baum hineinversetzt, so ohne Krone und Stamm, ganz auf die Wurzel reduziert? • Was bleibt? Gibt es noch Hoffnung? *Plenum im Sitzkreis* Austausch	Textblätter 2 mit Leitfragen

30′	**... und sieben Zeiten ...**	
	Plenum im Sitzkreis	
	Mit verschiedenen Stimmen Dan 4,13 vorlesen	CD mit
	Besinnliche Musik hören	besinnlicher
	Einzelarbeit	Musik
	„Symbole der Macht" umgestalten	CD-Player
	Plenum vor dem gegenüberliegenden Tisch	
	Neu gestaltete Symbole betrachten, etwas dazu sagen	
	Plenum im Sitzkreis	
	Zum Schluss des Textes überleiten	Schöne
	Dan 4,25-34 vorlesen	Bibelausgabe

Kommentar

Einrichtung im Raum
Zwei große Tische stehen je an gegenüberliegenden Wänden, dazu verschiedene Arbeitstische mit Modelliermasse und Kartonunterlagen. Für die Diskussionen im Plenum steht ein Stuhlkreis.

Arbeitsblatt und Textblätter
Das Arbeitsblatt für die erste Sequenz „Ich – ein Baum" enthält eine Tabelle mit zwei Spalten und fünf Zeilen und unten noch etwas Platz für eine Skizze. In der linken Spalte stehen die folgenden fünf Satzanfänge:
- Meine Krone ist ... (mächtig, breit, schmal, ausladend ...)
- Mein Stamm ist ... (gerade, krumm, verwittert, knorrig ...)
- Meine Rinde ist ... (glatt, zerfurcht, rissig, verletzt ...)
- Meine Wurzeln sind ... (stark, tiefgründig, breit ausladend ...)
- Ich stehe an/am ... (Straßenrand, einer viel befahrenen Straße, Flussufer ...)

In der rechten Spalte ist Platz für Notizen der Teilnehmenden.
Ein erstes Textblatt enthält Dan 4,7-9, ein zweites Daniel 4,10-13. Auf dem zweiten Textblatt sind unterhalb des Textes die Fragen für die Gruppenarbeit formuliert (siehe Verlaufstabelle Seite 52 unten).

Ich – ein Baum
Daniel 4 erzählt von einem Baum-Traum. Bäume sind uralte Symbole, die oft in Träumen gesehen werden. Die Teilnehmenden erinnern sich an eigene Träume von Bäumen oder überlegen sich, was für ein Baum sie

im Traum sein möchten. Es empfiehlt sich, die Augen kurz zu schließen. Anhand des Arbeitsblattes beschreiben die Teilnehmenden ihren Baum und stellen ihn dann einem Partner oder einer Partnerin vor. Jetzt sind bereits viele Traumbilder im Raum. Das ist eine gute Voraussetzung für die folgende Beschäftigung mit Nebukadnezzars Traum in unserem Bibeltext.
Das erste Textblatt mit Daniel 4,7–9 wird ausgeteilt. Die Teilnehmenden lesen den Text und vergleichen ihren Traumbaum mit dem Traumbaum Nebukadnezzars, indem sie Unterschiede und Parallelen benennen. Die Figur des Träumers im Text bekommt eine Gestalt und das Interesse ist geweckt.

Der mächtige König
Nebakadnezzar war eine zwiespältige Figur, ein Inbegriff der Macht, der Angst, aber auch Faszination auslöste. Sein Traum beunruhigte ihn so sehr, dass er Fachleute kommen ließ, ihn zu deuten. Vermutlich vergaß der König bald wieder, was er vom Traumdeuter gehört hatte, und ging seinen üblichen Geschäften nach. Jedenfalls wird erzählt, dass der König zwölf Monate später, als er auf der Palastterrasse spazieren ging, in Betrachtung der prächtigen Stadt, die zu seinen Füssen lag, voller Stolz ausrief: „Ist das nicht das großartige Babel ..."
Der Stuhlkreis wird vorne zu einer Bühne geöffnet. Ein Garderobenständer mit einer Krone sowie zwei Königsmänteln (ein rotes und eine goldenes Tuch) als Insignien der Macht wird hingestellt. Jemand vom Leitungsteam spielt nun Nebukadnezzar mit Krone und Mantel, der die Worte von Vers 27 spricht: „Ist das nicht das großartige Babel ..."
Anschließend werden die Teilnehmenden eingeladen, sich in andere mächtige Frauen oder Männer hineinzuversetzen. Wer eine Figur spielen möchte, eine historische oder aktuelle, setzt die Krone auf, legt den Königsmantel um, stellt sich kurz vor mit den Worten: „Ich bin ..." und sagt dazu, was er oder sie zu sagen hat. Werden Krone und Mantel wieder am Garderobenständer aufgehängt, ist auch die Rolle wieder abgelegt. Es ist wichtig, dass die Leitung darauf hinweist. Wer die Rolle eines oder einer Mächtigen einnimmt, kommt auch in Kontakt mit der eigenen Lust auf Macht, mit dem eigenen mächtigen Teil in sich. Dies ist nicht ganz einfach. Es ist den Teilnehmenden freigestellt, ob sie in eine Rolle schlüpfen möchten oder sich lieber als aktiv Zuschauende beteiligen.
Nun werden die Teilnehmenden eingeladen, miteinander aufzustehen und im Raum herumgehend auszuprobieren, wie Mächtige sich bewegen und wie sich das körperlich anfühlt. Aus diesem Gefühl heraus setzen sich die Teilnehmenden an die Arbeitstische mit der Modelliermasse

und gestalten „Symbole der Macht". In dieser Einzelarbeit sind die Teilnehmenden ganz bei sich, bei dem, was sie erlebt und gefühlt haben. Die Modellate werden still auf einem der großen Tische an der Wand zu einer Ausstellung vereinigt und betrachtet, aber nicht kommentiert.

Der Traum vom Niedergang
Das zweite Textblatt mit der Fortsetzung des Traumes wird ausgeteilt. Die Teilnehmenden bilden Gruppen zu 3 oder 4 Personen und gehen mit ihrem Textblatt in einen der zur Verfügung stehenden Gruppenräume. Miteinander lesen sie den Text und diskutieren darüber. Die Fragen auf dem Textblatt können zum Verständnis des Textes beitragen oder die Auseinandersetzung mit dem Text anregen.
Im Plenum werden die Ergebnisse aus der Gruppenarbeit zusammengetragen. Der Text löst Widerspruch aus, Fragen und Emotionen.

... und sieben Zeiten ...
Mit verschiedenen Stimmen und Betonungen, immer mit einer Pause dazwischen, liest das Leitungsteam siebenmal den Satz: „Und sieben Zeiten sollen über ihn hingehen." In den vielen Wiederholungen klingt dieser Satz wie ein Mantra. Nach dem meditativen Lesen ertönt besinnliche Musik. Es entsteht eine Atmosphäre der Ruhe und Entspannung.
Sieben Zeiten sind über uns gegangen, aus der Wurzel kann Neues werden, Altes sich verwandeln. Die Teilnehmenden nehmen ihre „Symbole der Macht" und modellieren etwas Neues daraus, lassen etwas Neues werden. Alle neu entstandenen, verwandelten Symbole werden auf den gegenüberstehenden Tisch gestellt und betrachtet. Wer möchte, sagt etwas zum Arbeitsprozess und zu seinem Symbol.
Die Leitung führt kurz hin zum Abschluss der Erzählung in der Bibel. Bis jetzt ging es vor allem um uns und unsere Träume von Macht und Ohnmacht. In der Bibel werden solche Erfahrungen in Geschichten erzählt. Unsere Geschichte erzählt vom mächtigen König Nebukadnezzar, der dieselbe Erfahrung machen musste, der wir nachgespürt haben: die eigenen Grenzen nicht mehr zu sehen und unsere Bäume in den Himmel wachsen zu lassen, dann reduziert zu werden auf die eigenen Wurzeln, um von daher wieder neu werden zu können – als ein guter König. Für die biblischen Erzähler ist es Gott, der dies alles bewirkt.
Als Abschluss und Ausklang der Bibelarbeit liest nun die Leitung den Text Daniel 4,25–34 aus einer schönen, speziellen Bibelausgabe vor.

Gedanken und Informationen zu Daniel 4

Das Buch Daniel gehört zu den jüngsten Schriften des Alten Testaments. Auch wenn es vorgibt, zur Zeit des babylonischen Exils (seit 587/586 v. Chr.) entstanden zu sein, hat die Bibelwissenschaft längst festgestellt, dass es seine heutige Form erst im Rahmen der Auseinandersetzung mit dem Hellenismus im 2. Jahrhundert v. Chr. gefunden hat. Genauso klar ist aber auch, dass das Buch wesentlich ältere Stoffe enthält, zu denen gerade die Danielerzählungen im ersten Teil (Dan 2-6) gehören. Dort findet sich auch unser Text vom Traum Nebukadnezzars.

Das durchgehende Thema des heute vorliegenden Danielbuches ist die Auseinandersetzung gläubiger Juden mit der Fremdbestimmung durch die Großmächte der damaligen Zeit (Babylonier, Meder, Perser, Griechen): Wie lässt sich der Glaube an den einen Gott Israels durchhalten in einer Zeit, in der es konkurrierende Sinnsysteme gibt, wie etwa das zur Entstehungszeit dominierende des Hellenismus, der griechischen Kultur und Philosophie? Die Kritik an diesen Großmächten, vor allem an den damals herrschenden griechischen Seleukiden, konnte natürlich nicht offen vorgetragen werden. So erzählt das Buch Daniel „alte" Geschichten von Herrschern der Vergangenheit, die aber für die aufmerksamen Leserinnen und Leser „durchsichtig" sind für ihre eigene Gegenwart.

Daniel 4 innerhalb des Danielbuches
Mit Kapitel 4 ist der Höhepunkt der Nebukadnezzar-Erzählungen des Buches Daniel erreicht. In mehrerlei Hinsicht ist eine Steigerung von der ersten Traumerzählung von der Statue (Dan 2) über die zweite Erzählung von der Rettung der drei Freunde aus dem Feuerofen (Dan 3) zu unserer Erzählung von der Demütigung des Königs gegeben: War Nebukadnezzar dem höchsten Himmelsgott zunächst nur vermittelt durch Daniel und seine drei Freunde begegnet, so wird er nun direkt mit ihm konfrontiert. Parallel dazu steigert sich der Konflikt zwischen dem König Babels und dem höchsten Gott. War er anfangs noch unwissend und hilflos gegenüber der göttlichen Traumoffenbarung, so forderte er in der zweiten Erzählung bereits die Anbetung der Staatsgötter und in der unsrigen erhebt er sich selbst und seine Macht zum absoluten Maßstab. Im selben Maße wächst aber auch seine Erkenntnis des Himmelsgottes: Endete seine erste Begegnung noch mit einem Lobpreis des Offenbarungsgottes, so kann er dann dessen Rettermacht preisen und am Ende unseres Kapitels 4 wird ihm die Erkenntnis offenbart, dass Gott allein der Herrscher und seine Herrschaft eine ewige ist.

Der Traum des Königs (4,1-15)
Das Träumen des Königs und die Befragung der Weisen wird ähnlich geschildert wie in Kapitel 2. Diesmal allerdings ist Daniel am Hofe bekannt und kann die Traumdeutung – nach dem Scheitern seiner Kollegen – gleich vornehmen. Im Unterschied zu Kapitel 2 fehlt das Motiv des Traumerratens; der König selbst erzählt den Traum. Dass Daniel hier – wie schon 2,26 – zusätzlich mit seinem Namen Beltschazzar eingeführt wird, ist nach der Namensumbenennung in Kapitel 1 nötig. Obwohl Kapitel 2 bereits mit der Erkenntnis Nebukadnezzars geendet hatte, dass der Gott Daniels der „Gott der Götter" ist, spricht er hier wieder ganz polytheistisch vom „Geist der Götter" (vgl. auch 4,15), der in Daniel sei.
Der Baum, den Nebukadnezzar im Traum sieht, ist sehr groß und mächtig. Sein Ort „mitten auf der Erde" erweist ihn als den mythischen „Weltenbaum". Der Leser, der Kapitel 2 bereits kennt, kann aus der Schilderung der wilden Tiere des Feldes, der Vögel und aller Lebewesen, die er beschattet, erkennen, dass es um eine allegorische Darstellung der Herrschaft Nebukadnezzars geht (vgl. 2,38). Das Blühen des Baumes ist Symbol für das Blühen seines Reiches; seine lebenserhaltende Kraft für alle Lebewesen entspricht altorientalischer Königsideologie, wie man sie in einer babylonischen Inschrift gefunden hat: „Nebukadnezzar, der König der Gerechtigkeit (bin) ich. Die weithin wohnenden Völker, die Marduk, mein Herr, in meine Hände gegeben hat, segne ich gnädig. Ich speiste sie ..., den Treuen leite ich recht, unterdrücke den Feind. Babylon ... machte ich sie untertänig: Unter seinen ewigen Schutz sammelte ich schön alle Leute. Eine Regierung des Segens, Jahre des Überflusses ließ ich in meinem Lande sein."[45] Das Selbstbewusstsein eines solchen Königs spricht Bände und wird ja dann auch am Schluss unserer Erzählung illustriert. Innerhalb des Alten Testaments hatte bereits der Prophet Ezechiel das Bild des Weltenbaumes gebraucht. Er wollte damit die Macht Ägyptens illustrieren: „Auf dem Libanon stand eine Zeder. Die Pracht ihrer Äste gab reichlich Schatten. Hoch war ihr Wuchs und in die Wolken ragte ihr Wipfel. (...) So war sie höher gewachsen als alle Bäume des Feldes. (...) Alle Vögel des Himmels hatten ihr Nest in den Zweigen. Alle wilden Tiere brachten unter den Ästen ihre Jungen zur Welt. All die vielen Völker wohnten in ihrem Schatten" (Ez 31,3.5a.6). Nach dieser Schilderung der Pracht des Baumes folgt bei Ezechiel der Sturz, eingeleitet durch ein Gotteswort.
Ebenso bei Daniel: „Ein Wächter, ein Heiliger" – ein Engel Gottes also – steigt vom Himmel herab und befiehlt, den Baum zu fällen, doch soll er

---

[45] Inschrift Nebukadnezzars II. im Wadi Brisa, Col. VIII, 26-37.

nicht entwurzelt werden. Spätestens in Vers 12 wird deutlich, dass im Hintergrund des Traumbildes bereits ein Hoffnungsbild steht: Aus dem Wurzelstock kann Neues wachsen, eine Wiederherstellung ist zumindest möglich. Als dann auch noch von einer „Fessel" für den Baumstumpf die Rede ist, wird das Traumbild vollends durchsichtig auf Nebukadnezzar hin: Bei einem Baum macht eine „Fessel" keinen Sinn, wohl aber bei Menschen, die in Fesseln aus Eisen (Ps 149,8) oder Bronze (Ri 16,21; 2 Chr 33,11) gelegt werden können.

Nebukadnezzar also soll sein Menschenherz genommen und ein Tierherz gegeben werden, sieben „Zeiten" (Jahre) lang. Mit den Tieren soll er teilhaben am Gras der Erde. Der Sinn des ganzen Geschehens soll eine Mahnung an „die Lebenden" sein: Gott allein hat die Macht, auch über die noch so mächtigen menschlichen Herrscher. Für die Leser des Danielbuches ist dies eine tröstliche Erkenntnis: Auch die menschlichen Herrscher ihrer Jetztzeit werden von Gott gezüchtigt werden für ihre Überheblichkeit – wie damals Nebukadnezzar.

Daniels Traumdeutung (4,16-24)
Daniel erschrickt über den Trauminhalt (so wie Nebukadnezzar in Dan 4,2 oder später Belschazzar, als er die Schrift an der Wand erblickt, in Dan 5,6.10). Mit seiner Reaktion zeigt er seine Ehrfurcht vor der Gottesoffenbarung in diesem Traum, aber auch seine Angst vor dem König, wenn er ihm die unheilvolle Deutung geben muss. Deshalb muss er vom König nochmals eigens dazu ermuntert werden.
Eigentlich aber braucht der Traum – zumindest aus Sicht des Lesers, der ihn längst durchschaut hat – keine Deutung. Daniel muss nur noch sagen, dass sich der Inhalt des Traumes auf den König selbst bezieht: „Dieser Baum bist du, König ..." (vgl. 2,37f.). Alles andere an Daniels Traumdeutung ist eigentlich nur Wiederholung des Trauminhalts, wenn auch unter dem – zumindest für Nebukadnezzar – neuen Vorzeichen, dass sich all das am König erfüllen wird. Nur die Anerkenntnis, dass Gott („der Himmel") allein die Macht hat, kann ihn vor dem endgültigen Herrschaftsverlust bewahren.

Die Demütigung des Königs (4,25-30)
Nun wird die Demütigung des Königs, die bereits als Traumgesicht und dann in der Deutung referiert worden war, als tatsächliches Geschehen berichtet. Neu ist der Anlass: Nach Ablauf von zwölf Monaten scheint Nebukadnezzar schon „vergessen" zu haben, Gott die Ehre zu geben. Dieses „Vergessen" ist ein geläufiges Motiv in solchen Geschichten über Prophezeiungen und findet sich auch häufig in unseren Märchen. Mit

der Befolgung oder Nichtbefolgung von Daniels Ratschlag (4,24) jedenfalls hat dieses Vergehen Nebukadnezzars nichts zu tun.
Sich selbst und seiner „gewaltigen Macht" schreibt er die Bauwerke des „großartigen Babel" zu. Tatsächlich ist Nebukadnezzar II. als Bauherr in die Geschichte eingegangen. Er hat seine Metropole Babel mit aller damals möglichen Pracht und Herrlichkeit ausstatten lassen. Im Alten Testament ist bereits an anderer Stelle über diese gewaltige Bautätigkeit und die sich darin zeigende Selbstverabsolutierung Babels reflektiert worden. Das berühmteste Beispiel ist wohl die Geschichte vom „Turmbau zu Babel" (Gen 11,1–9). Aber auch der Prophet Jesaja hatte in einem „Spottlied" über Babel gesagt: „Du aber hattest in deinem Herzen gedacht: Ich ersteige den Himmel; dort oben stelle ich meinen Thron auf, über den Sternen Gottes; auf den Berg der (Götter)versammlung setze ich mich, im äußersten Norden. Ich steige weit über die Wolken hinauf, um dem Höchsten zu gleichen" (Jes 14,13f.). Auch Ezechiel, Deuterojesaja, Jeremia und Sacharja sprechen von der Selbstüberheblichkeit Babels, welcher notwendigerweise der Sturz folgen müsse (Ez 28,2; Jes 47,5.8.10; Jer 50,24-32; 51,15.53; Sach 5,5-11). Diese Rede von der Überheblichkeit Babels und dem daraus resultierenden Gericht ist in der alttestamentlichen Überlieferung fest verankert.
Weitaus seltsamer hingegen mutet das Schicksal an, das Nebukadnezzar trifft. Sein Aufenthalt unter den „Tieren des Feldes", seine Ernährung von Gras „wie die Ochsen", aber auch die erst hier auftauchende Beschreibung seiner Haare „wie Adlerfedern" und seiner Nägel „wie Vogelkrallen" scheint sagen zu wollen, der Herrscher sei „zum Tier geworden". So schön es für den Ausleger wäre, schon hier „das Tier" zu finden, das dann in der Vision des Kapitels 7 eine so wichtige Rolle spielen wird –, so einfach sind die Verbindungslinien nicht zu ziehen. Der eigentliche Zielpunkt in der Erzählung von Nebukadnezzars Erniedrigung ist ein anderer: sein Ausschluss aus der Gemeinschaft der Menschen (4,30). Ein solcher Ausschluss war nach alttestamentlicher Überlieferung z. B. bei Aussatz fällig (vgl. Aaron und Mirjam, Num 12,1-15) und galt für alle, also auch für Könige (vgl. Usija, der deswegen dem Tempel fernbleiben musste; 2 Chr 26,16-21). Außerhalb dieses Schutzbereichs menschlicher Gesellschaft aber dachte man sich den chaotischen Bereich der wilden Tiere. So liegt es nahe, dass Nebukadnezzar, dem bei seinem Herrschaftsantritt nach einem Wort Gottes durch den Propheten Jeremia nicht nur alle Länder, sondern auch „die Tiere des Feldes" dienstbar gemacht worden sind (Jer 27,6), nach seinem Herrschaftsentzug wieder unter die Macht dieser Tiere gerät. Bei der Beschreibung der Haare und Nägel Nebukadnezzars ist v. a. auf das Wörtchen „wie" zu achten: „wie

Adlerfedern" und „wie Vogelkrallen" sehen sie aus – ein Bild also für den ungepflegten Zustand des Königs.

Die Errettung des Königs (4,31-34)
Die Wende in der Geschichte tritt durch zwei Dinge ein, die ursächlich zusammengehören: Die Zeit ist abgelaufen, und Nebukadnezzar erhebt seine Augen zum Himmel (vgl. die Susanna-Erzählung Dan 13,9, wo die beiden Übeltäter nicht zum Himmel aufschauen im Gegensatz zu Susanna 13,35). Das Kapitel endet mit einer Proklamation des Königs, der den „König des Himmels" rühmt. Die Erkenntnis, dass er „die Menschen, die in stolzer Höhe dahinschreiten, (...) erniedrigen" kann, steht wie ein Motto am Ende der Geschichte und bereitet damit auch schon die folgende Erzählung vom Sturz des letzten Herrschers von Babel vor. Zusammen mit dieser Geschichte schlagen die Danielerzählungen Dan 2-5 den Bogen vom Höhepunkt des neubabylonischen Reiches unter Nebukadnezzar II. bis zu dessen Untergang.

Literatur

DANIEL UND DIE APOKALYPTIK, Bibel heute 139 (3/1999).
BAUER, D., Das Buch Daniel (Neuer Stuttgarter Kommentar 22), Stuttgart 1996.

3 Hört nicht auf Träume! (Jeremia 23,25-32)

Spricht durch die Träume wirklich Gott zu uns? Oder spiegeln sie nur unsere eigenen Wünsche wider? Welchen Botschaften und welchen Auslegern können wir trauen? An welchen Kriterien erkennen wir Gottes Stimme?
Der Text aus dem Jeremiabuch weist über die Traumthematik hinaus zur Frage nach der Unterscheidung zwischen wahrer und falscher Prophetie – eine Frage, die auch heute an Aktualität nichts verloren hat!

Dauer	Inhalt und Vorgehen	Material
40'	**Träumen trauen** *Plenum im Sitzkreis* Begrüßung und Einführung in das Thema Geschichte von „Eisik" vorlesen (ohne Nachsatz) *Zweiergruppen* Leitfragen: <ul><li>„Wo kämen wir hin, wenn wir Träumen trauen würden?"</li><li>Welchen Träumen traue ich? Warum? Was bedeutet das für mich konkret?</li><li>Wie finde ich heraus, was meine Träume für mich bedeuten könnten?</li></ul> *Plenum im Sitzkreis* Austausch	Geschichte von Eisik (Seite 68)
30'	**Falsche und wahre Propheten unterscheiden** *Plenum im Sitzkreis* Text Jeremia 23,25–32 vorlesen und Textblatt austeilen Austausch: <ul><li>„Was hat das Stroh mit dem Getreide gemein?"</li><li>Was unterscheidet Träume von Gottes Wort?</li><li>Was wird den träumenden Propheten vorgeworfen?</li></ul> Hintergrundinformationen zum Jeremiabuch	Textblätter Getreidehalme in die Mitte stellen oder Bild mit Getreidefeld aufhängen

30′	**Träume und ihre Wirkungen** *Dreiergruppen* • Wem erzähle ich meine Träume? • Welche Beziehung sehe ich zwischen meinen Träumen und dem Wort Gottes? • Welche Träume oder Worte sind „Strohfeuer" oder „Hammer" und welche nähren wie „Getreide"?	
50′	**„Grab' bei dir"** *Plenum im Sitzkreis* Nachsatz der Geschichte von Eisik vorlesen Austausch: • Welche Bedeutung haben die Träume in dieser Geschichte? • Welche Bedeutung haben meine Träume für mich? • Wie verstehe ich nun den Text aus dem Jeremiabuch? *Einzelarbeit* Modellieren • Was finden meine Hände, wenn ich jetzt „bei mir selber grabe"? *Plenum im Sitzkreis* Modellate in die Mitte des Kreises stellen und vorstellen Evtl. Modellate zurück zu Blöcken formen Blitzlicht: • Was ist heute in mir angeklungen?	Modelliermasse Kartonunterlagen

Kommentar

Einrichtung im Raum
In der Mitte wird ein Stuhlkreis gestellt, ein Tisch mit der Modelliermasse steht am Rand.

Textblatt
Das Textblatt enthält den Text Jer 23,25-32.

Träumen trauen
Am Anfang der Bibelarbeit steht das alte Wandermärchen vom Traum mit dem Schatz bei der Brücke. Es ist von ganz verschiedenen Hauptpersonen und Brücken überliefert, hier haben wir die chassidische Geschichte von Eisik gewählt (Text Seite 68). „Wo kämen wir hin, wenn wir Träumen trauen würden?", fragt in der Geschichte der Soldat, der die Brücke bewacht.
Die Teilnehmenden gehen zunächst in kleinen Gruppen der Frage zum Umgang mit eigenen und fremden Träumen nach. Ist den eigenen Träumen, ist den Träumen anderer zu trauen? Im anschließenden Plenumsgespräch kann sich zeigen, dass die Teilnehmenden sehr unterschiedlich mit ihren Träumen umgehen. Die Leitung hat darauf zu achten, dass diese individuellen Vorstellungen respektiert werden.

Falsche und wahre Propheten unterscheiden
Im zweiten Schritt wenden wir uns dem biblischen Text zu, der das Thema der wahren und falschen Propheten in den Blick rückt. Der Text selber stellt Fragen, die vielleicht rhetorisch gemeint sind, aber ernsthaft diskutiert etwas zum Verständnis des Textes beitragen: Was hat das Stroh mit dem Getreide zu tun? Gewiss nicht nichts. Die Fragen nach dem Verhältnis von Träumen und Wort Gottes und den Propheten, die sich auf das eine oder andere stützen, werden auf diese Weise differenzierter betrachtet. Die Bildsprache von Stroh und Getreide bzw. von Hammer und Fels führt zur Unterscheidung von Werten in der Prophetie.
Der Austausch erfolgt im Plenum. Die Leitung lässt je nach Bedarf Hintergrundinformationen zum Jeremiabuch einfließen. Die Symbolik im Text kann als Variante auch malerisch oder szenisch dargestellt werden.

Träume und ihre Wirkungen
Der dritte Schritt führt wieder zurück zu den eigenen Träumen: Wie wichtig sind sie, welche Qualität haben sie? Zeigt sich ein Bezug zwischen ihnen und dem Wort Gottes? Wirken sie zerstörend wie ein Hammer oder nähren sie wie Getreide? Solchen Fragen wird in Dreiergruppen nachgegangen.

„Grab bei dir"
Die Leitung liest den Nachsatz der Geschichte von Eisik. Dieser fordert dazu auf, nicht in der Fremde und bei anderen Menschen, sondern bei sich selber die Verwirklichung der eigenen Hoffnungen zu suchen. Die Geschichte von Eisik benennt es so: „Grab nicht woanders, grab bei dir."

Die Hände bringen im Wachsplastilin oder Ton zum Ausdruck, was es für die Einzelnen zu entdecken gibt, wenn sie „bei sich selber graben". Diese Entdeckungen werden im Plenum mit allen geteilt. Im Gespräch werden die Reflexionen über die Bedeutungen der Träume gebündelt. Die Teilnehmenden äußern sich zum Verständnis des Textes aus dem Jeremiabuch, das sie gewonnen haben.

Sofern die Modellate nicht mit nach Hause genommen werden können, kneten die Teilnehmenden diese still wieder zu kleinen Blöcken zurück und legen diese sozusagen als „Goldbarren" in die bereitstehende „Schatzkiste" zurück. Die Bibelarbeit klingt aus mit einem kurzen „Blitzlicht" der Teilnehmenden.

Gedanken und Informationen zu Jeremia 23,25-32

Der Prophet Jeremia und das Jeremiabuch
Jeremia stammt aus einer Priesterfamilie in Anatot unweit von Jerusalem und muss zwischen 650 und 645 v. Chr. geboren sein. Mit seiner Berufung beginnt für ihn zugleich ein langer Leidensweg. Er geht an gegen Unterdrückung und Unrecht, muss den Reichen und Mächtigen ins Gewissen reden. 40 Jahre lang hält er seine Berufung durch. Er wächst scheinbar über sich selbst hinaus, ist oft aber auch daran, alles aufzugeben. Doch er kommt nicht los von seiner Berufung. Jer 20,7-10 ist ein beredtes Zeugnis dafür. Mit seiner Verkündigung erlebt er auch Misserfolge und Verfolgung durch seine eigenen Landsleute. Im Gegensatz zu einem Teil der Einwohner Jerusalems bleibt er nach 597 v. Chr. von der Verschleppung nach Babylonien verschont.

Der Prophet hat im Jahre 605 v. Chr. seinem Sekretär Baruch selber eine erste Sammlung von „Worten über Jerusalem und Juda und alle Völker von den Tagen Joschijas bis heute" (23,2) diktiert. Nachdem die Buchrolle von König Jojakim verbrannt wurde, diktierte er den Inhalt nochmals. Das Buch Jeremia ist – wie die meisten biblischen Bücher – in einem komplizierten Prozess entstanden und wird heute gesehen „als eine in einem mehrstufigen Redaktionsprozess entstandene Prophetenschrift (...), in der das Prophetenwort aufgenommen, überliefert, kommentiert und aktualisiert worden ist."[46] Welche Aussprüche wirklich von Jeremia stammen, ist dabei kaum mehr auszumachen. Das Buch Jeremia in seiner heutigen Form stammt vermutlich erst aus dem 4. Jahrhundert v. Chr.

---

[46] WERNER, S. 15

Geschichtlicher Rahmen
Eine von den Berufspropheten geschürte Freiheitsbewegung (Jer 27-28) hatte offenbar auf die Verbannten in Babel übergegriffen. Mit Reden des Propheten Hananja weckten sie dort die Hoffnung auf eine baldige Heimkehr nach Juda: „So spricht JHWH: Ebenso nehme ich binnen zwei Jahren das Joch Nebukadnezzars, des Königs von Babel, vom Nacken aller Völker und zerbreche es" (Jer 28,11). Die Lage der Verbannten in Babel war nicht zu vergleichen mit dem Aufenthalt in einem Gefängnis oder gar einem Konzentrationslager. Vielmehr bestand die Verbannung in einer Art Zwangsansiedlung mit freier Bewegung innerhalb eines fest umrissenen Gebietes. In einem Brief ruft Jeremia die Verbannten zur Integration in der Fremde auf, weil er hinter der Verbannung die Führung Gottes wahrnimmt: „So spricht der Herr der Heere, der Gott Israels, zur ganzen Gemeinde der Verbannten, die ich von Jerusalem nach Babel weggeführt habe: Baut Häuser und wohnt darin, pflanzt Gärten und esst ihre Früchte! Nehmt euch Frauen und zeugt Söhne und Töchter, nehmt für eure Söhne Frauen und gebt eure Töchter Männern, damit sie Söhne und Töchter gebären. Ihr sollt euch dort vermehren und nicht vermindern. Bemüht euch um das Wohl der Stadt, in die ich euch weggeführt habe, und betet für sie zu JHWH; denn in ihrem Wohl liegt euer Wohl. Denn so spricht der Herr der Heere, der Gott Israels: Lasst euch nicht täuschen von den Propheten, die unter euch sind, und von euren Wahrsagern. Hört nicht auf die Träume, die sie träumen. Denn Lüge ist das, was sie euch in meinem Namen weissagen; ich habe sie nicht gesandt."
(Jer 29,1-9)

Falsche Propheten
Unter dem Titel „Über die Propheten" (Jer 23,9) sind Texte gesammelt, die sich mit wahrer und falscher Prophetie auseinandersetzen. Unser Text, ein „Prosaabschnitt lehrhaften Charakters"[47], wird in die nachexilische Zeit datiert. Es handelt sich um eine in die Zeit des Exils zurückprojizierte Gottesrede. Gott hat gesehen (Vers 24) und gehört (Vers 25), was die Jerusalemer Propheten tun.
Die Warnung, nicht auf jene Propheten zu hören, die Lügen weissagen, nimmt gegen jene Stellung, die aus ihrem eigenen Herzen heraus prophetisch reden (Jer 23,16, vgl. Ez 13,2f.). Kritisiert wird nicht der Wert einer Traumoffenbarung an sich, sondern die Anmaßung der „falschen Propheten", Träger der Botschaft JHWHs zu sein. Sie seien weder darüber informiert noch dazu ermächtigt, Gottes Ziele zu verfolgen und

---

[47] WERNER, S. 205

sein Wort getreu weiterzugeben, auch wenn es den Empfängern nicht gefällt, das betrachtet der Text als Kriterium für einen „wahren JHWH-Propheten". Worum es inhaltlich geht, steht zuvor in Vers 17: um Heil oder Unheil. Anstatt JHWH beim Volk ehrfürchtig zu verkünden, so der Vorwurf im Text, geht es den falschen Propheten nur um ihren persönlichen Einfluss und um ihre Macht und Stellung beim Volk. Vers 27 stellt sie mit Personen der Vergangenheit auf eine Stufe, die zur Verehrung des kanaanäischen Fruchtbarkeitsgottes Baal aufgerufen haben. Härter kann das Urteil JHWHs nicht lauten.

Interessant ist hier, dass die Propheten als Gruppe wahrgenommen werden, die auch eine innere Dynamik hat: Sie erzählen einander die Träume (Vers 27) und stehlen einander die Worte Gottes (Vers 30). Der „wahre Prophet JHWHs", wie ihn das Jeremiabuch zeichnet, ist allein. Die Dynamik in der Prophetengruppe verändert wohl die Botschaft, die vernommen wurde.

Gottes Wort gegen Träume
Der Text im Jeremiabuch drängt auf eine klare Scheidung zwischen Gotteswort und Traum. Man muss sie, wie Korn und Stroh bei der Ernte, sorgfältig voneinander trennen und auseinanderhalten. Mit der Frage: „Was hat das Stroh mit dem Korn zu tun?" (Vers 28) wird ein Sprichwort zitiert, dessen Sinn deutlich ist: „Es besteht ein unendlicher, im Grunde gar nicht zu diskutierender Wertunterschied zwischen dem Stroh, das ins Feuer geworfen wird, und dem Korn, von dem der Mensch lebt."[48] Dennoch ist auch deutlich, dass es ohne den Halm, auf dem die Ähre wächst und der später zu Stroh wird, kein Getreide gäbe. Mit zwei weiteren Vergleichen, das Wort JHWHs sei wie Feuer und wie ein Hammer, der Felsen zerschmettert (Vers 29), verweist der Text auf die Dynamik und die mächtige Kraft des Wortes Gottes in der Geschichte. „Das Wort Gottes ist nämlich für ihn (Jeremia) wie für alle wahren Propheten der Ausdruck des über der Geschichte stehenden göttlichen Heilswillens und Weltplanes."[49] Mit einem dreifachen Drohwort an die falschen Propheten schließt der Text (Verse 30-32). Noch einmal werden die wesentlichen Punkte hervorgehoben und ihre Schuld bekräftigt. Weil sie aber nicht von Gott beauftragt sind, ist ihre Rede ohne Nutzen und Wert. Das erinnert an das Jesuswort im Johannesevangelium: „Nur wer aus der Wahrheit ist, hört meine Stimme" (Joh 18,37).

---

[48] HAAG, S. 255
[49] HAAG, S. 255

Sich selber prüfen
In der chassidischen Geschichte von Eisik lachte der Hauptmann: „Wo kämen wir hin, wenn wir Träumen trauen würden?" Eisik jedoch lässt sich nicht abbringen, weder von seinem eigenen Traum noch von jenem des Hauptmanns. Das Raffinierte in dieser Geschichte ist, dass sie zunächst auf die traumkritische Spur führt. Erst die Kombination beider Träume zeigt an, wo der Schatz wirklich liegt. Und die Kombination ist erst möglich, wenn der Austausch über beide Träume stattgefunden hat. Der Schneider Eisik vermag den Sinn zu erkennen, der Hauptmann nicht. Und Eisik hat die Geduld und die Beharrlichkeit, zu warten, bis sein Traum sich durch den des Hauptmanns ergänzt und ihn so zum Ziel führt. Der Faktor Zeit spielt auch bei der Anklage gegen die falschen Propheten im Jeremiabuch eine Rolle: Sie meinen, das Exil müsste sogleich wieder beendet sein, ja sie halten den Gang in die Fremde letztlich für vergeblich. Es geht nun darum, das Exil auszuhalten, denn dort wird schließlich der Impuls für die Erneuerung der Gottesbeziehung Israels gewonnen. Wäre Eisik daheimgeblieben, hätte er den Schatz unter seinen Füßen nie gefunden. Ohne die Erfahrungen Israels im Exil hätten wir vermutlich weder ein Altes noch ein Neues Testament.
Gottes Wort, wer immer auch in seinem Auftrag zu reden hat, soll für denjenigen, der es hört, gut sein. Das unterscheidet den wahren Propheten vom falschen. Den Empfängern seiner Botschaft legt Paulus ans Herz: „Prophetische Rede verachtet nicht! Prüft alles und behaltet das Gute!" (1 Thess 5,20-21).

Literatur

KLEINES STUTTGARTER BIBELLEXIKON, Stuttgart 1972.
FISCHER, G., Jeremia 1-25 (HThKAT), Freiburg 2005.
HAAG, E., Das Buch Jeremia (Geistliche Schriftlesung 13/1), Leipzig 1973.
SCHREINER, J., Jeremia (Die Neue Echter-Bibel 29/1), Würzburg 1993[3].
ORTKEMPER, F.-J., Propheten. Lese- und Arbeitsbuch zur Bibel, Stuttgart 2003.
WERNER, W., Das Buch Jeremia (Neuer Stuttgarter Kommentar 19/1), Stuttgart 1997.

Wo kämen wir hin, wenn wir Träumen trauen würden?[50]

In Krakau lebte vor Zeiten ein armer Schneider, der hieß Eisik. Diesem Eisik träumte eines Nachts, er solle nach Prag wandern, und dort, an der Brücke über die Moldau, solle er graben, dann würde er einen Schatz finden. Weil ihm das dreimal hintereinander träumte, packte er das kleine Bündel seiner Habseligkeiten und wanderte los.
In Prag an der berühmten Brücke mit ihren Statuen links und rechts und der goldenen Burg auf der anderen Seite des Stromes sah er sofort, dass er doch hier unmöglich graben könne. Denn dort herrschte auch vor zwei Jahrhunderten, als diese Geschichte spielte, reger Verkehr. Kaufleute zogen mit ihren Wagen, Hausfrauen mit Krügen auf dem Kopf, Bauern mit Früchten und mit Gemüse über die Brücke, und an beiden Enden wachte ein Hauptmann mit seiner Garde. „Was würden die Leute sagen, wenn ich hier zu graben anfinge?", musste sich Eisik fragen.
Weil er nun aber den weiten Weg von Krakau nach Prag gewandert war, kam er jeden Tag an die Brücke und überlegte: „Wo mag denn mein Schatz liegen? Gesetzt den Fall, ich könnte hier graben, wo würde ich das tun?" Allmählich fiel das der Wache auf. Schnell war Eisik eingestuft als verdächtiges Subjekt, womöglich „Terrorist" des 18. Jahrhunderts. Eines Tages herrschte der Hauptmann den Schneider an: „Was treibst du dich hier herum? Wir beobachten dich schon tagelang. Scher dich gefälligst weg!" Darauf erzählte Eisik seinen Traum. Der Hauptmann lachte: „Wo kämen wir hin, wenn wir Träumen trauen würden? Mir zum Beispiel träumt nun schon tagelang, ich solle nach Krakau wandern und dort, unter dem Ofen eines armen Juden, solle ich graben, ich würde dann einen Schatz finden."
Eisik verneigte sich tief, bedankte sich, wanderte zurück nach Krakau, nahm die Steine unter seinem Ofen fort, grub dort und fand den Schatz.

Nachsatz:
Später, als Eisik der berühmte und heilige Rabbi Eisik des Chassidisimus geworden war, erzählte er oft diese Geschichte, und jedes Mal, wenn er das tat, fügte er an: „Grab nicht woanders, grab bei dir."

---

[50] Quelle: Joachim-Ernst Berendt (Hrsg.), Geschichten wie Edelsteine, Battweiler 2007. Die Geschichte findet sich in unterschiedlicher Gestalt in zahlreichen Märchensammlungen. Sie stammt aus „1001 Nacht".

4 Träume zeigen Besonderes (Genesis 37,2-11)

In seinen Träumen wird sich der junge Josef bewusst, dass er jemand Besonderer ist. Äußeres Symbol dafür ist das Ärmelkleid, das er von seinem Vater Jakob bekommt.
Die Erkenntnis, jemand Besonderer zu sein, ist nicht einfach zu akzeptieren und schon gar nicht zu kommunizieren. Und doch ist im Grunde jede und jeder von uns jemand Besonderer.

Dauer	Inhalt und Vorgehen	Material
40'	**Ich bekomme etwas Besonderes** *Plenum im Sitzkreis* Begrüßung und Einführung in das Thema Kurze Entspannungsübung und Fantasiereise (Anleitung Seite 76) *Einzelarbeit* Modellieren • Was habe ich bekommen? • Was spüren und formen meine Hände? *Dreiergruppen im Sitzkreis* Austausch	Modelliermasse
60'	**Josefs Träume** *Plenum im Sitzkreis* Einleitung in die Josefsgeschichte Text vorlesen und verteilen *Gruppenarbeit (4er und 5er Gruppen)* • Was träumt Josef genau? • Wer ist die Hauptperson der Geschichte? • Was ist das Besondere an Josef – für ihn selbst, für seine Brüder, für seinen Vater, seine Mutter? • Was hat die Geschichte mit meiner Familiengeschichte zu tun? *Plenum im Sitzkreis* Antworten zusammentragen und diskutieren Hintergrundinformationen zum Text	Textblätter mit Leitfragen

50'	**Ärmelkleider** *Stehend an Tischreihe* Auf die Ärmelkleid-Papiere malen, zeichnen oder schreiben: • Was finde ich an dir besonders? Weiterrücken, bis alle bei allen Papieren waren *Einzelarbeit mit Ärmelkleid und Modellat* • Was kommt mir an Besonderem entgegen und was sehe ich als Besonderes an mir? *Plenum* Eindrücke und Rückfragen zum eigenen Ärmelkleid	Ärmelkleid-Papiere für alle TN auf einer Tischreihe ausgelegt, Farben Klangschale

Kommentar

Einrichtung im Raum
In der Mitte wird ein Stuhlkreis gestellt, eine Tischreihe steht am Rand sowie ein einzelner Tisch für die Modellate und für die Malstifte.

Textblatt
Das Textblatt enthält den Text Gen 37,2-11 sowie die Leitfragen für die Gruppenarbeit (siehe Verlaufstabelle Seite 69 unten).

Ich bekomme etwas Besonderes
Im Traum und in der Fantasie finden wir leichter Zugang zu unserer Besonderheit, während es ja in der Wachwelt eher als unfein gilt, „etwas Besonderes zu bekommen" oder „sich für etwas Besonderes zu halten". Darum werden die Teilnehmenden zu einer Fantasiereise[51] eingeladen (Anleitung Seite 76).
Zu Beginn werden die Teilnehmenden aufgefordert, sich bequem und entspannt hinzusetzen, damit die Fantasie sich freier entfalten kann. Die Leitung weist darauf hin, dass die Teilnehmenden selbst die Verantwortung dafür übernehmen, wie weit sie sich auf die Reise einlassen, und dass sie, wenn etwas auftaucht, das ihnen unangenehm ist, jederzeit aussteigen können, etwa indem sie die Augen öffnen und die Hände zu Fäusten ballen.

---

[51] Zur Methode der Fantasiereise siehe die methodische Einführung der WerkstattBibel Band 2, „Vom Klagen zum Jubeln", S. 25ff.

Gleich nach der Fantasiereise nehmen die Teilnehmenden ein Stück Modelliermasse und lassen ihre Finger gestalten.
In den anschließenden Gesprächen zu dritt erzählen die Teilnehmenden einander, was in der Fantasiereise erlebt wurde und ins Modellieren eingeflossen ist. Dabei stehen vielleicht die Inhalte der Reise im Zentrum, vielleicht kommen aber auch die Schwierigkeiten zum Ausdruck, die eigene Besonderheit zu sehen oder zu akzeptieren.
Das Besprochene bleibt in den Gruppen, die Modellate werden für den nächsten Schritt zur Seite gestellt.

Josefs Träume
Nach einer kurzen Einleitung zur Josefsgeschichte wird der Text vorgelesen. Die Teilnehmenden erhalten das Textblatt mit den Leitfragen für die Gruppenarbeit. Die ersten drei Fragen beziehen sich auf den Text, die letzte fragt nach Bezügen zur eigenen Familiengeschichte. Wie weit diese ins anschließende Plenumsgespräch einfließen, ist den Teilnehmenden überlassen. Jedenfalls regt der Text dazu an, sich in die einzelnen Figuren einzufühlen und sich über die psychologischen Hintergründe ihrer Handlungen Gedanken zu machen. Dass die Teilnehmenden dabei aus ihren eigenen Familienerfahrungen heraus reden, versteht sich von selbst. Die Leitung bringt in dieses Plenumsgespräch auch Hintergrundinformationen zum Text ein.

Ärmelkleider
Im nächsten Schritt nehmen wir das Ärmelkleid als Symbol für das Besondere, das jede und jeder hat und ist. Um bei einer anderen Person etwas Besonderes zu entdecken, ist es nicht nötig, dass man sich schon lange und gut kennt. Wichtig ist bei diesem Schritt, dass die Leitung den ganzen Ablauf vorgängig erklärt und auf die Möglichkeit hinweist, am Ende nachzufragen, was man auf seinem Ärmelkleid gemalt oder geschrieben findet.
Aus Flip-Chart-Blättern sind schematische Ärmelkleider ausgeschnitten (je eins pro Person), die auf der Tischreihe am Rand liegen. Jede Person stellt sich zu einem Ärmelkleid und schreibt ihren Namen darauf. Dann rücken auf ein Zeichen der Leitung (Klangschale oder Triangel) alle ein Blatt nach rechts und schreiben oder malen, was sie an der entsprechenden Person besonders finden. Nach etwa zwei Minuten erklingt das Zeichen zum nächsten Wechsel. Wer weniger Zeit braucht, wartet an seinem Platz, damit sich niemand gehetzt fühlt. So kommen alle bei allen Ärmelkleidern vorbei und stehen am Ende wieder vor ihrem eigenen, inzwischen farbig ausgestalteten Kleid. Für die folgende Einzelarbeit

nehmen die Teilnehmenden auch ihre Modellate dazu. Sie überlegen für sich, was ihnen aus diesen und aus den Ärmelkleidern an Besonderem entgegenkommt und wie sie selbst ihre Besonderheit wahrnehmen.
In der Schlussrunde ist Raum für die Ergebnisse der Überlegungen und für allfällige Rückfragen zu dem, was andere auf das eigene Ärmelkleid gemalt oder geschrieben haben. Es ist zu erwarten, dass nicht alles, was andere Besonderes an einer Person entdecken, dieser angenehm ist. Oft sind unsere Besonderheiten ja auch die Eigenschaften, die uns immer wieder anecken lassen. Wichtig ist, dass im Schlussgespräch offene Fragen oder allfällige Missverständnisse noch geklärt werden können. Dabei kann auch zur Sprache kommen, wie schwierig es oft ist, das, was andere oder ich selbst als Besonderes an mir wahrnehme, als Stärke zu sehen und zu meinen Stärken und Begabungen zu stehen.

Gedanken und Informationen zu Gen 37,2-11

Die Josefserzählung
Die Josefserzählung in Gen 37-50 ist Teil der großen Stammelternerzählung von Jakob, der nach dem nächtlichen Kampf am Jabbok den Ehrennamen „Israel", Gottesstreiter, erhalten hatte. Jakob hatte von vier Frauen zwölf Söhne. Die beiden jüngsten, Josef und Benjamin, stammten von der geliebten und bevorzugten Rahel. In dieser Bevorzugung liegt der familiäre Grundkonflikt, der in der Josefsgeschichte eskaliert und im Verkauf Josefs an vorüberziehende Händler sein vorläufiges Ende findet. „Die Josefserzählung ist eine Geschichte, die von Leben und Tod, von Hunger und Rettung, von Gefahr und Entrinnen, von Liebe und Hass, von Verrat und Solidarität, von Traumwelten und harten Realitäten handelt."[52] Als Teil der Geschichte Israels beantwortet sie die Frage, wie die Israeliten nach Ägypten kamen. Der Bericht von der Hungersnot und Josefs höchster Stellung im Land erklärt, weshalb das Volk so lange in Ägypten geblieben ist, und der Schluss der Erzählung zeigt an, wie getrennte Teile des Volkes schließlich wieder zusammenkommen.

Josef, der Bevorzugte, und das Ärmelkleid
In der Geschichte der Generationen von Abraham bis Jakob wiederholt sich ein familiärer Konflikt, der zu dauerhaften Streitigkeiten, zu Lüge und Betrug und oft zur Trennung von der Familie führt: die Rivalität zwischen Geschwistern. Isaak und Ismael, Jakob und Esau, Lea und Ra-

---

[52] EBACH, S. 44

hel, Josef und seine Brüder – die Vorliebe des Vaters, der Mutter oder des Ehemannes ist jeweils der Schlüssel der Erzählungen. Damit wird dem Zuhörer bewusst, dass Gott sich Menschen auswählt, die in der Heilsgeschichte des Volkes eine Rolle spielen, und dazu wird auch gegebenenfalls die durch Erstgeburt oder Erbrecht begründete Hierarchie in einer Familie umgekehrt.

Josef wird von seinem Vater Jakob besonders geliebt, weil er das Kind der schönen Rahel ist und Jakob lange auf Kinder von ihr warten musste. Sichtbares Zeichen der Bevorzugung ist das „Gewand", das ihm Jakob machen lässt, einen „Rock mit Ärmeln", an dem sich die Eifersucht der Brüder nährt. Denn dieses Gewand ist nicht einfach eine harmlose Bevorzugung des zweitjüngsten Sohnes, sondern wird im Zusammenhang mit Josefs Amt als „rechter Hand" des Vaters von den Brüdern als schwere Verletzung der Altershierarchie angesehen.

Die Bedeutung des Gewandes wird noch einmal betont in Genesis 37,23, wo es Josef entrissen, und später in 37,31-32, wo es zerrissen und in Blut getaucht wird. Mit der Zerstörung des Gewandes hat Josefs Bevorzugung ein Ende, bevor ihn die Brüder an die Händler verkaufen. Das zerrissene Gewand wird dem Vater als Beweis von Josefs Tod überbracht.

Träume in der Josefsgeschichte
Träume spielen in der Lebensgeschichte Josefs eine bedeutende und schicksalsbestimmende Rolle; in der Erzählung treten sie jeweils paarweise auf: Zuerst sind es Josefs eigene Träume von den Garben und von Sonne, Mond und Sternen (Kapitel 37). Im Gefängnis deutet er die Träume der beiden Mitgefangenen, des Bäckers und des Mundschenks (Kapitel 40). Schließlich erinnert man sich seiner, als es darum geht, die beiden bedrückenden Träume des Pharao von den fetten und mageren Kühen bzw. Ähren zu verstehen (Kapitel 41).

Bei all diesen Träumen handelt es sich um vorausschauende Träume, um Träume, die eine Offenbarung Gottes zur Zukunft des Einzelnen und des Volkes enthalten. Die Bilder und Symbole der jeweils zusammengehörenden Träume sind zwar unterschiedlich, dennoch entsprechen sie sich in der Aussage. Diese Verdoppelung der Traumbotschaft galt als Hinweis auf ihre göttliche Herkunft (Gen 41,32).

Josefs Verhalten gegenüber Träumen differenziert sich im Verlauf der Erzählung. Er ist zunächst Träumer und Traumerzähler, dann Traumdeuter und Berater. Während die ersten beiden Träume keiner Deutung bedürfen, sondern für Josefs Brüder und den Vater evident sind, geht es im Gefängnis darum, dass Josef die Träume der beiden Mitgefangenen richtig auslegt. In den Träumen des Pharao ist darüber hinaus die Frage zentral, was denn nun zu tun sei.

Dass die Träume als Offenbarungen Gottes verstanden werden, bedeutet keineswegs, dass nun alles bestimmt und die Handlungsmöglichkeiten der Menschen damit eingeschränkt seien. „Träume erfüllen sich und Träume können, wenn sie denn recht gedeutet sind, einen Handlungsspielraum eröffnen, der ihre Erfüllung gerade nicht als fatalen Mechanismus zur Realität bringt, sondern als Möglichkeit zur Praxis."[53] So bleiben die Träume Josefs nicht in ihrer Ärger auslösenden Evidenz stehen, sondern lösen eine Dynamik aus, in deren Fortgang alle Beteiligten zu einem neuen Verständnis von Geschwisterlichkeit und Respekt finden.

Josef, der Träumer
Josef ist siebzehn, als er seinen Brüdern diesen Traum erzählt: Er ist mit den Brüdern auf dem Feld bei der Getreideernte, und Josefs Garbe richtet sich auf, während sich die Garben der Brüder vor seiner Garbe neigen. Die Botschaft des Traumes ist die „Verneigung", die Verehrung, die einer hochgestellten Person gilt. Josef gibt diesem Traum keine Deutung; er scheint ihn nicht einmal selbst zu verstehen. Die Brüder jedoch deuten ihn sofort als „Wunschtraum", als Symptom für die dauernde Anmaßung des Lieblingssohns Jakobs, und hassen ihn dafür umso mehr.

Josef träumt darauf noch einen zweiten Traum: Sonne, Mond und elf Sterne verneigen sich vor ihm. Diesen Traum erzählt er wiederum seinen Brüdern und auch seinem Vater. Die Kernaussage des zweiten Traums ist wieder die feierliche Verneigung bzw. das „Sich-niederwer-fen" (Proskynese), allerdings sind es nicht mehr nur die Garben des Feldes, sondern der Himmel selbst. Nun ist sogar Jakob empört über den Traum, den er wie die Brüder als anmaßenden Wunschtraum versteht; aber er „behält die Sache im Sinn" (Gen 37,11). Durch seine Lebenserfahrung weiß er um die überraschenden Wendungen im Leben eines Menschen, und deshalb hat sein Schelten auch keine Folgen. Josef behält seine Vorzugsstellung.

Das Verständnis des doppelten Traumes wird so zum Keim der folgenden Tragödie mit Mordanschlag und Verkauf als Sklave; gleichzeitig aber liegt gerade in dieser schlimmen Erfahrung, in der nichts auf eine Erfüllung des Traumes hindeutet, das Wirken der vorausschauenden Weisheit Gottes. In ihrem blinden Hass treiben die Brüder die Geschich-

---

[53] EBACH, S. 42

te ungewollt voran, denn ohne den Verkauf Josefs an die Ägypter gäbe es später keine Rettung des „Volkes Israel".

Die Bedeutung der beiden Träume wird erst im Verlauf der Josefsgeschichte offenbar. Josef selbst gibt sie seinen Brüdern, als er sich ihnen zu erkennen gibt: „Gott hat mich vor euch ausgesandt, euch ein Überbleiben auf Erden zu bereiten, euch am Leben zu halten, zu großer Errettung. Nun also, nicht ihr habt mich hierher gesandt, sondern Gott!"[54]

Literatur

EBACH, J., Genesis 37-50 (HThKAT), Freiburg 2007.
LANCKAU, J., Der Herr der Träume, Zürich 2006.
WESTERMANN, C., Genesis (BKAT I/3), Neukirchen-Vluyn 1982.

Aus der reichen kulturellen Wirkungsgeschichte der Josefserzählung seien hier die Romantetralogie „Joseph und seine Brüder" von Thomas Mann (an der dieser von 1927-1943 schrieb) und das Musical „Joseph and the Amazing Technicolor Dreamcoat" von Andrew Lloyd Webber (1968, Text von Tim Rice) genannt.

---

[54] Gen 45,7-8 in der Übersetzung von Martin Buber: Die fünf Bücher der Weisung, Heidelberg 1986.

Anleitung zur Fantasiereise
(Die Anleitung ist langsam und mit Pausen zu sprechen)

Einladung zur Entspannung, Augen schließen
Kurze Stille

Ich steige langsam einen Bergpfad hinauf; der Weg führt mich durch einen Wald mit hohen Bäumen; es ist sehr still, ich höre nur das Geräusch meiner eigenen Schritte und manchmal das Zwitschern eines Vogels. Die Sonne scheint durch die Blätter, es ist warm. Die Luft riecht nach Waldboden und Baumharz.

Allmählich verschwindet der Wald, den Weg säumt niedriges Gebüsch, und ich habe den Blick frei auf den Gipfel des Berges. Über eine Almwiese voller Blumen führt der Weg zum höchsten Punkt. In einer windstillen Mulde ruhe ich mich von der Wanderung aus. Von meinem Platz aus habe ich einen weiten Blick ins Tal und zum benachbarten Berggipfel.

Bald sehe ich von dort einen Wanderer kommen, und gebannt beobachte ich, wie schnell er sich nähert und auf meinen Sitzplatz zusteuert – so schnell, als trügen ihn Flügel. Er trägt ein langes Gewand und hat nichts bei sich als einen kleinen Rucksack.

Als er vor mir steht, lächelt er mich an, und ich grüße ihn freundlich. Ohne etwas zu sagen, nimmt er seinen Rucksack von den Schultern, öffnet ihn und überreicht mir etwas.

Bevor ich ihm danken und ihm Fragen stellen kann, hat er sich mit liebevollem Lächeln verneigt und ist schnell davongegangen.

Ich halte in der Hand, was ich von ihm bekommen habe.
Ich betrachte mein Geschenk, befühle es mit meinen Händen.

Es ist etwas Besonderes. ...

Anleitung zum Zurückkehren in den Raum, Augen öffnen

5 Träume als Wegzeichen (Mt 1,18-25; 2,13-23; 27,11-26)

Im Matthäusevangelium werden Menschen durch Träume von Gott geführt. Wir setzen uns mit den Reaktionen der Träumenden und ihrer nächsten Umgebung auseinander. In welchen Situationen träumen sie? Welche Gedanken machen sie sich wohl, bevor sie dann handeln? Wie sind ihre Nächsten davon mitbetroffen?
Wir erinnern uns in einem zweiten Schritt an eigene Träume und daran, wie sie unseren Lebensweg beeinflussen.

Dauer	Inhalt und Vorgehen	Material
50'	**Drei Träume: Josef und Pilatus** *Plenum im Raum* Begrüßung und Einführung in das Thema Körperwahrnehmungsübung *Plenum im Sitzkreis* Drei Geschichten einführen und erzählen *Gruppenarbeit* • Was könnte Josef/Pilatus durch den Kopf gegangen sein? *Plenum mit Innenkreis* Vorstellen der Gruppenergebnisse: Gespräch der inneren Stimmen Nach jeder Vorstellung Rollen abstreifen	Drei Textblätter Schreibmaterial
60'	**Drei Träume: Maria und die Frau des Pilatus** *Gruppenarbeit in den gleichen Gruppen* Pantomime der Geschichte aus der Sicht Marias bzw. der Frau des Pilatus vorbereiten *Plenum im offenen Sitzkreis (mit „Bühne")* Pantomimen spielen, Rollen abstreifen Spiele auswerten Gespräch • Welche Themen haben sich gezeigt? • Wie verstehe ich die Geschichten und die Träume jetzt? Hintergrundinformationen zu den Texten	

40′	Träume in meinem Leben	
	Einzelarbeit im Sitzkreis	
	Die Finger kneten lassen	Modelliermasse
	• Was beschäftigt mich jetzt, wenn ich an eigene Träume denke?	
	• Gibt es Träume, die mich besonders bewegt haben, die zu Wegzeichen wurden?	
	Plenum im Sitzkreis	Einfarbiges Tuch
	Modellate auf das einfarbige Tuch in die Mitte legen und etwas dazu sagen.	CD mit ruhiger Musik, CD-Player
	Wenn die Modellate nicht mitgenommen werden: Daraus langsam eine Kugel formen und auf das regenbogenfarbene Tuch in die Mitte legen	Tuch in Regenbogenfarben

Kommentar

Einrichtung im Raum
In der Mitte wird ein Stuhlkreis gestellt, ein Tisch für die Modelliermasse steht am Rand.

Textblätter
Auf drei Blättern sind folgende Texte abgedruckt:
- Der Traum Josefs vor Jesu Geburt: Mt 1,18-23
- Der Traum Josefs nach Jesu Geburt: Mt 2,13
- Pilatus erfährt vom Traum seiner Frau: Mt 27,11-19

Drei Träume: Josef und Pilatus
Nach der Begrüßung werden die Stühle an die Wand gerückt. Die Teilnehmenden verteilen sich im Raum und bewegen sich nach Anweisungen der Leitung auf verschiedene Weisen: Gehen im eigenen Tempo, langsam, schnell, wieder im eigenen Tempo, dann sich im Herumgehen begrüßen, auf den Zehen gehen, auf den Fersen, im eigenen Tempo, stehen bleiben, sich recken, sich wach klopfen. Diese Übung erleichtert den Teilnehmenden das Ankommen. Sie müssen sich auf die Anweisungen konzentrieren und sind am Schluss der Übung ganz da.
Die drei Geschichten, wie sie auf den Textblättern stehen, werden nacheinander erzählt. Zum besseren Verständnis des Traums Josefs nach der Geburt Jesu (2,13) wird die Vorgeschichte von den drei Weisen erwähnt (2,1-12). Zur Gruppenbildung werden die drei Texte auf den Boden ge-

legt, die Teilnehmenden stellen sich zu derjenigen Geschichte, mit der sie sich nun intensiver beschäftigen möchten. Jede Gruppe erhält die Textblätter zu ihrer Geschichte.

In den drei Gruppen arbeiten die Teilnehmenden je an einem Text. In den ersten zwei Geschichten träumt Josef, in der dritten erfährt Pilatus vom Traum seiner Frau. Die Teilnehmenden schlüpfen in die Gestalt des Josef oder des Pilatus. Sie notieren, was Josef jeweils nach seinem Traum durch den Kopf gegangen sein könnte bzw. was Pilatus gedacht haben könnte, nachdem der Bote ihm die Nachricht seiner Frau mitgeteilt hatte. Bei diesem Schritt gehen die Teilnehmenden in die Geschichte hinein. Dabei können verschiedene Themen angesprochen werden, wie z. B. Vertrauen haben in der ersten Geschichte, die Heimat verlassen, Flüchtling sein, ein Fremder in einem fremden Land sein in der zweiten. In der dritten Geschichte werden vielleicht Zweifel des Pilatus thematisiert. Durch die Identifikationen mit den biblischen Figuren können neue Sichtweisen aufgezeigt werden.

Im Plenum setzen sich jeweils die Mitglieder einer Gruppe in den Innenkreis und lassen die anderen am Gespräch der inneren Stimmen des Josef bzw. Pilatus teilhaben. Die Leitung achtet darauf, dass die Gruppenmitglieder beim Verlassen des Innenkreises ihre Rolle abstreifen.

Drei Träume: Maria und die Frau des Pilatus
In einem zweiten Schritt wird der Blickwinkel geändert. Hier soll den Frauen, die in den Traumgeschichten selbst nicht zu Wort kommen, eine Möglichkeit gegeben werden, ihre Sicht einzubringen. Die Gruppen sind die gleichen wie vorher. Die Teilnehmenden versetzen sich in die Rolle der Maria bzw. der Frau des Pilatus. Sie stellen deren Gefühle, Sorgen und Nöte in einer Pantomime dar. Nach kurzer Vorbereitung in den Gruppen wird die Pantomime im Plenum gezeigt. Dazu wird der Stuhlkreis geöffnet und eine Bühne angedeutet. Nach jedem Spiel achtet die Leitung darauf, dass die Mitwirkenden ihre Rolle abstreifen. Danach werden zuerst die Zuschauenden gefragt, was sie gesehen haben, danach die Spielenden, wie sie sich in der Rolle gefühlt haben. In der folgenden Diskussion zu den drei Träumen können Fragen auftauchen wie: Was ist aufgefallen? Gibt es Übereinstimmungen in den drei Geschichten? Welche? Was sagen mir die Träume jetzt, nachdem ich mich intensiv mit ihnen auseinandergesetzt habe? Die Leitung bringt Hintergrundinformationen zu den Texten ein und erzählt oder liest vor, was die Träume in den biblischen Geschichten ausgelöst haben (Mt 1,24-25; 2,14-23; 27,20-26).

Träume in meinem Leben
Die Teilnehmenden wählen ein Stück Modelliermasse. Im Stuhlkreis beginnen sie den Klumpen weich zu kneten.
Im vorangegangen Teil gab es eine intensive Beschäftigung mit den Träumen in den drei Texten. In diesem Schritt sollen auch die eigenen Träume Platz haben. Folgende Fragen können gestellt werden: Hat mich ein Traum ganz besonders beschäftigt und bewegt? Gibt es Träume, die mich weiterbrachten, die mir halfen, eine Entscheidung zu treffen, die zu Wegzeichen wurden?
In einer Einzelarbeit soll ein Modellat für einen eigenen Traum, ein Wegzeichen entstehen, ohne allzu große Überlegungen: Die Hände wissen, was ausgedrückt werden will. Dies soll in einer ruhigen Atmosphäre schweigend geschehen.
Das so entstandene Modellat wird im Plenum vorgestellt, indem die Teilnehmenden so viel dazu sagen, wie sie möchten. Dann wird es auf ein einfarbiges Tuch in die Mitte gestellt.
Wenn das Modellat von den Teilnehmenden nicht mitgenommen wird (vgl. methodische Anleitung Seite 39), ist ein weiterer Schritt des Abräumens nötig. Auch hier ist es wichtig, eine ruhige Atmosphäre mit genügend Zeit zu schaffen. Die Modellate werden in eine Kugel umgeformt. Oft ist es schwierig, eine lieb gewonnene Figur zu zerstören. Vielleicht kann es helfen, sich vorzustellen, dass die zusammengeknetete Figur, die meinen Traum darstellt, in der Kugel drin ist, sich in und mit ihr weiterbewegt. Zum Formen der Kugel wird eine ruhige Musik vorgespielt. Die Kugel wird auf den Boden, auf ein regenbogenfarbenes Tuch gelegt. Die Regenbogenfarben können eine Anspielung auf den Bund Gottes mit den Menschen im Alten Testament und die Erneuerung des Bundes durch das Leben Jesu im Teilnehmenden sein.

Gedanken und Informationen zu den Träumen im Matthäusevangelium

Das Matthäusevangelium
Das Matthäusevangelium ist nach der Zerstörung Jerusalems (um 70) vermutlich in judenchristlichen Kreisen entstanden. Es ist insgesamt weit umfangreicher als das ältere Markusevangelium, obwohl es die einzelnen übernommenen Texte häufig kürzt und auf die Pointe hin zuspitzt. Der Verfasser hatte wahrscheinlich außer dem Markusevangelium und

der Spruchquelle noch andere Texte vor sich. Im Vergleich mit dem Markusevangelium zeigen sich die theologischen Intentionen deutlich: Die Geburts- und Kindheitsgeschichten in den ersten beiden Kapiteln machen den Leserinnen und Lesern von Anfang an klar, dass Jesus durch seine wunderbare Erzeugung der Sohn Gottes ist und nicht etwa (wie im Markusevangelium) erst bei der Taufe „adoptiert" wird.
Die Gliederung des Evangeliums zeigt, dass die Lehre Jesu in den Vordergrund rückt, während die Taten die Bestätigung für deren Gültigkeit sind. Die Autorität Jesu wird auch mit den zahlreichen „Erfüllungszitaten" deutlich gemacht, hinter denen das heilsgeschichtliche Schema von Verheißung und Erfüllung sichtbar wird: Vorgänge im Leben Jesu gelten als Bestätigung alttestamentlicher Weissagung.
Verändert ist auch das Gemeindeverständnis des Verfassers: Kirche ist nicht mehr als vorübergehende Größe gedacht, sondern sie besitzt dauerhaften Charakter. Fragen um die „Wiedergeburt" treten zurück gegenüber Fragestellungen um die rechte Lehre und deren Verkündigung. Die Jünger Jesu als Statthalter für die spätere Kirche werden nicht mehr ihres Unglaubens wegen gerügt (wie im Markusevangelium), sondern ihres Kleinglaubens und ihrer Verzagtheit wegen.

Träume im Matthäusevangelium
Träume begegnen uns bei Matthäus in den Kindheitsgeschichten und in der Passionserzählung: Bei der Geburt Jesu und bei seinem Leiden und Sterben erzählt Matthäus davon, dass Gott in Träumen beteiligter Menschen zugunsten seines Sohnes interveniert habe. Matthäus zeigt damit, wie er das ganze Geschehen um Jesus versteht: Immer und in allem ist Gott am Werk. Hinter dem vordergründig Erzählten öffnet sich eine andere Dimension, schimmert „das Eigentliche" durch. „Wer davon erzählen möchte, braucht eine andere Sprache, eine Sprache, die den göttlichen Zauber, der über diesen Geschehnissen liegt, einzufangen vermag. Matthäus entschied sich – als Einziger der Evangelisten – dafür, von Engeln zu erzählen, die im Traum begegnen, bzw. von Traumbotschaften Gottes. Er erzählt davon, dass Gottes Wort sich in einzelne Menschen gesenkt hat und dort auch aufgenommen wurde. Und er erzählt davon, dass Gott im Traum zu Menschen spricht."[55] Matthäus teilt mit vielen Texten des Alten Testaments und mit seinen Leserinnen und Lesern die Vorstellung, dass Träume Botschaften Gottes sind, die den Menschen unbedingt angehen und die er befolgen muss.

---

[55] BAUER, S. 46

Durch Träume wird also schließlich das „Eigentliche" sichtbar. Was in der Wachwelt den Augen der Frau des Pilatus verborgen geblieben wäre, sah sie im Traum: „Er ist unschuldig." Pilatus jedoch lässt sich von seiner Frau nichts sagen, für ihn ist der Traum irrelevant, er folgt politischen Rationalitäten.

Und das „Eigentliche" ist es ja dann, das dem Träumenden und all jenen, die daran Anteil nehmen, den Weg weisen kann und soll. Indem Josef das Unmögliche tut, rettet er Leben, und indem Jesus gerettet wird, erhalten alle Menschen Anteil an der Erlösung. Wie ein großer Bogen verwirklicht sich hier auf der Grundlage von einigen Träumen die Heilsgeschichte: Gottes Bund mit den Menschen wird durch seinen Sohn aktualisiert bis hin zum heutigen Tag: Der Regenbogen, einst bei Noach Symbol des Alten Bundes, erstrahlt in neuen Farben – dank der wegbereitenden Träume von Josef und all den anderen Personen.

Josefs Traum von der Geburt
Zwei unserer Bibelabschnitte stellen die Person Josefs ins Zentrum. Dieser steht mit der Geburtsanzeige und der Namensgebung Jesu für die menschlichen Handlungen, hinter denen die alles umfassende göttliche Tat, das „Eigentliche", geschieht: Jesus ist als Gottes Sohn derjenige, der mit der christlichen Gemeinde ist, über die historische Zeit hinaus.

Josefs „Gerechtigkeit" meint hier nicht die strenge Gesetzestreue, sondern seine milde, rücksichtsvolle Haltung: Er will die des Ehebruchs verdächtigte Maria nicht der Schande durch einen Prozess preisgeben, sondern sie stillschweigend entlassen. Diesem schon gütigen Ansinnen setzt die Engelerscheinung einen noch weitergehenden Akzent hinzu: Es gibt keinen Grund, nicht zu Maria und zu der dahinterstehenden göttlichen Fügung zu stehen.

Der Engel Gottes erscheint im Traum, und zwar in der Phase, da Josef noch um eine Entscheidung ringt. Die Leserinnen und Leser wissen aus Vers 18, dass Maria vom Heiligen Geist schwanger ist. Ob Josef das auch schon weiß oder doch erst vom Engel erfährt, bleibt offen. Das Thema der Jungfrauengeburt ist damit angesprochen, es scheint sowohl Matthäus wie seinen Leserinnen und Lesern bekannt zu sein, steht aber in dieser Geschichte nicht im Zentrum. Der Engel spricht Josef mit „Sohn Davids" an und betont damit die am Anfang des Evangeliums durch den Stammbaum dargestellte davidische Herkunft Jesu. Therapeutinnen und Therapeuten, die mit Träumen arbeiten, bestätigen, dass das Hören des eigenen Namens im Traum eine tiefe identitätsstärkende Wirkung hat.

Der Engel wird nicht weiter beschrieben, alles Gewicht liegt auf seiner Botschaft: Durch den im Mutterleib heranwachsenden Jesus wird Gottes Sohn geboren, welcher sein Volk von den Sünden retten wird. Hier zeigt sich das besondere Interesse von Matthäus an der Sündenvergebung, die durch Jesus geschieht und in der Gemeinde weiterwirken wird. Gleichzeitig ist damit angedeutet, dass das Kind der erwartete Messias ist.

Mit dem Erfüllungszitat aus Jesaja 7,14, das hier ausdrücklich als Ausspruch Gottes bezeichnet wird, erklärt nicht nur der Engel dem schlafenden Josef, sondern auch Matthäus den Leserinnen und Lesern, dass es bei allem, was hier geschieht, um einen lange angekündigten Heilsplan Gottes geht. Der Name Jesus – Jehoschu'a, ein verbreiteter jüdischer Name – wird in seiner Bedeutung „JHWH ist Heil" dem Namen Immanu-El „Gott ist mit uns" gleichgesetzt. Dieser Satz führt als Grundthema durchs ganze Evangelium bis zum Schlussvers des Evangeliums, wo der auferstandene Jesus verspricht: „Ich bin bei euch alle Tage bis an der Welt Ende." (Mt 28,20)

Josefs Träume von Flucht und Heimkehr
Wieder erscheint der Engel Gottes dem Josef im Traum (2,13). Seine Rede beginnt mit der Aufforderung „steh auf!" Das griechische Wort dafür bezeichnet im Neuen Testament nicht nur das Aufstehen nach dem Schlaf, sondern auch nach einer Heilung von Krankheit oder einer Auferweckung vom Tod. In dieser Aufforderung schwingt damit die Ankündigung eines neuen heilen Lebens mit.

Auch der zweite Josefstraum wird nur knapp geschildert. Der Engel gibt die Anweisung zur Flucht und eine kurze Begründung. Das Erfüllungszitat – auch hier wieder ausdrücklich als Wort Gottes bezeichnet – folgt erst nach der erzählten gehorsamen Reaktion Josefs, der ohne weitere Überlegung tut, was der Engel im Traum gesagt hat (Mt 2,14-15). Wie in Vers 13 angekündigt, meldet sich der Engel später in zwei weiteren Träumen (Verse 19 und 22), um die Rückkehr der Familie nach Israel und die Niederlassung in Galiläa zu veranlassen.

Die Kindheitsgeschichten, die keineswegs als historisch zu betrachten sind, setzen Grundaussagen, die gemäß Matthäus für die ganze Heilsgeschichte wichtig sind. Gott führt, Josef gehorcht, Jesus ist Gottes Sohn, das Heilswerk wird – anknüpfend an die jüdische Tradition – vollendet. Die Begebenheiten sind knapp und nüchtern geschildert, ohne große Verherrlichung Jesu durch wundersame Ereignisse, sondern durch die Erzählung von einem Gott, der mit Josef durch Engelgestalten und Träume im Kontakt ist.

Pilatus' Frau sieht mehr

Der Prozess Jesu vor Pilatus ist eine sich bis zum Schluss dramatisch steigernde Szene in drei Abschnitten: Jesus wird von Pilatus verhört (Mt 27,11-14), Pilatus möchte den schweigenden Jesus freigeben (Mt 27,15-23), und als dies nicht gelingt, lehnt er jede Verantwortung ab (Mt 27,24-26). Auch die Frau des Pilatus erreicht mit ihrer Intervention aufgrund eines Traumes nicht die Freigabe Jesu. Und dies sicherlich nicht nur aufgrund der Hartherzigkeit der Volksmenge, die über die Frage der Freilassung entscheidet, sondern auch, weil Pilatus souverän bleiben und mit der ganzen Angelegenheit möglichst wenig zu tun haben möchte.

Pilatus bildet sich seine Meinung zu Jesus nicht so rasch. Eigentlich erkennt er in ihm, nicht zuletzt durch sein Schweigen, den Unschuldigen. Zwar kommt er schon irgendwelchen jüdischen Führungspersonen in die Quere. Und diese haben es auch geschafft, aus der religiösen Anklage eine politische zu machen, um die sich nun der Statthalter zu kümmern hat. Im Grunde ist dieser mit seiner Frau einer Meinung, aber er benützt seine Macht nicht, um den unschuldigen Jesus zu retten. Er versucht lediglich, das Volk mit seinen Fragen in die erwünschte Richtung zu lenken, lässt es aber schlussendlich über Jesu Schicksal entscheiden.

Über die Frau und den Inhalt ihres Traums erfahren wir aus dem biblischen Text wenig. Dass sie „viel gelitten" hat, zeigt an, dass es sich um einen Albtraum handelte. Albträume werden in der antiken Literatur oft von Herrschenden berichtet und künden meist ein göttliches Missfallen an. Ob ihr im Traum jemand sagte, dass Jesus ein „Gerechter", d. h. unschuldig war, oder ob sie dies nachträglich aus dem Trauminhalt schloss, bleibt offen. Jedenfalls nimmt sie den Traum als Botschaft ernst und versteht ihn als Warnung für ihren Mann, sich in den Prozess mit Jesus einzulassen. Dass sie ihm einen Boten mitten in die Gerichtsverhandlung schickt, bedeutet, dass sie selber die Traumbotschaft als eine ihn unbedingt angehende sieht, auch wenn nicht gesagt ist, ob sie selbst sie mit Gott oder Göttern in Verbindung bringt.

Die Szene selbst, dass die Frau eines Richters oder Herrschers aufgrund eines Traums oder einer anderen Offenbarung sich in die Geschäfte ihres Gatten einmischt, war für antike Leserinnen und Leser durchaus plausibel. Der römische Geschichtsschreiber Tacitus berichtet um 110 n. Chr., dass der Senat einen Antrag schließlich als lebensfremd abgelehnt habe, dass römische Beamte ihre Frauen nicht in die Provinzen mitnehmen durften.[56] Der Antragsteller hielt offenbar den Einfluss der Frauen auf die Entscheidungen der Beamten für beträchtlich. Um dieselbe Zeit bat

---

[56] Siehe Tacitus, Annalen 3,33f.

der Historiker Sueton seinen Freund Plinius, sich für die Verschiebung eines Gerichtstermins einzusetzen, weil er schlecht geträumt hatte.[57] Für antike Leserinnen und Leser war klar, dass Pilatus der Warnung durch den Traum hätte Folge leisten sollen.

Die Tatsache, dass die Frau des Pilatus mit ihrem Traum nur bei Matthäus vorkommt, könnte vermuten lassen, dieser selbst habe die Geschichte erfunden, um an die Kindheitsgeschichten mit ihren rettenden Träumen zu erinnern. Die Parallelen fallen auf: „Hier wie dort geht es um den ‚König der Juden'. Hier wie dort sind Heiden, nämlich die drei Magier und die Frau des Pilatus, aufgrund von Träumen Künder der Wahrheit. Hier wie dort steht ‚ganz Jerusalem' mit den ‚Hohepriestern und Schriftgelehrten des Volkes' Jesus als Feind gegenüber und will ihm ans Leben. Dort entkommt Jesus, und an seiner Stelle werden die unschuldigen Kinder von Betlehem getötet. Jetzt aber gibt es für Jesus kein Entrinnen mehr. Der Kreis der Jesusgeschichte schließt sich."[58]

Die kurze Episode um den Albtraum vom Schicksal des unschuldigen Jesus hat die christliche Tradition so sehr beschäftigt und angeregt, dass aus der Frau des Pilatus, die später auch einen Namen erhielt – Procula Claudia –, sogar in gewissen Kirchen eine Heilige wurde. Theologisch wurde natürlich auch gefragt, ob dieser Traum, der ja das christliche Heilsereignis, den Kreuzestod Jesu, hätte verhindern sollen, wirklich eine göttliche Botschaft beinhalten konnte. So verkörpert die Frau mit ihrem Ernstnehmen der Traumbotschaft die kritischen Fragen heutiger feministischer Theologinnen, ob der gewaltsame Tod Jesu am Kreuz für das Heil der Menschen wirklich notwendig gewesen sei.

Literatur

BAUER, D., Den Träumen trauen ... Der Traum im Matthäusevangelium, in: Bibel heute 122 (2/1995), S. 45-47.
DREWERMANN, E., Das Matthäusevangelium, Olten 1992.
FRENSCHKOWSKI, M., Traum und Traumdeutung im Matthäusevangelium. In: Jahrbuch für Antike und Christentum, Jahrgang 41, Münster 1998, S. 5-47.
LUZ, U., Das Evangelium nach Matthäus (EKK I/1 und I/4), Neukirchen-Vluyn 2002⁵ und 2002.
SCHWEIZER, E., Das Evangelium nach Matthäus (NTD 2), Göttingen 1973.

---

[57] Siehe Plinius, Epistulae 1,18,1
[58] LUZ ¼, S. 266

6 Der Ruf Gottes (1 Samuel 3,1-18)

Es ist dunkel im Tempel, als der schlafende Junge Samuel seinen Namen rufen hört. Zunächst versteht er nicht, dass Gott ihn ruft, weil er ihm einen schwierigen Auftrag übertragen will.
Die Bibelarbeit regt dazu an, zu überlegen, wie es gelingt, den Ruf Gottes wahrzunehmen und – wie Samuel – zu antworten: Hier bin ich!

Dauer	Inhalt und Vorgehen	Material
25'	**Der Text erklingt im Dunkeln** *Plenum im Sitzkreis* Begrüßung und Einführung in das Thema 1 Sam 3,1-10 mit verteilten Rollen vorlesen und mit verbundenen Augen hören Tücher abnehmen und in die Mitte legen Austausch: • Wie hat das Zuhören auf mich gewirkt? • Was habe ich gehört?	Farbige Tücher 4 Textblätter 1 mit markierten Rollen für die Vorlesenden
55'	**Der Ruf Gottes** *Gruppenarbeit in Vierergruppen* Nochmals Text mit verteilten Rollen lesen Austausch: • Wie hat dieses Lesen auf mich gewirkt? • Habe ich anders oder anderes gehört? • Was sagt der Text über den Ruf Gottes aus? Papierstreifen erstellen: Der Ruf Gottes ist ... *Plenum im Sitzkreis* Papierstreifen vorlesen und in die Mitte legen Möglichkeit zu Rückfragen und Bemerkungen	Textblätter 1 mit 1 Sam 3,1-10 und Arbeitsanweisungen, farbige Papierstreifen, Stifte
40'	**Hören, sodass die Ohren gellen** *Plenum im Sitzkreis* 1 Sam 3,11 vorlesen Zeitungsschlagzeilen vorlesen 1 Sam 3,11-18 versweise reihum vorlesen Austausch und Klärung von Verständnisfragen • Was gellt jetzt in euren Ohren?	Liste mit Zeitungsschlagzeilen Textblätter 2 mit 1 Sam 3,11-18

30′	**Hier bin ich**	
	Hinweis auf den Satz Samuels: „Hier bin ich."	
	Einzelarbeit	Modelliermasse
	• Wie bin ich jetzt hier?	(Lufttrocknender
	• Welche Gedanken und Gefühle hat all das Gehörte ausgelöst?	Ton)
		Unterlagen aus
	Gefäß formen	grauem Karton
	Plenum im Sitzkreis	
	Kerze anzünden mit Hinweis auf Vers 3	Kerze
	Gefäße zur Mitte stellen	farbige Kartons
	Kurze Stille mit Klangschale	Klangschale
	Etwas zum entstandenen Gesamtbild in der Mitte sagen	
	Hinweis, dass die Gefäße mitgenommen werden können	Tüten

Kommentar

Einrichtung im Raum
In der Mitte ist ein Stuhlkreis gestellt. Am Rand stehen Tische für das Modellieren mit Ton bereit.

Textblätter
Ein erstes Textblatt enthält 1 Sam 3,1-10 sowie folgende Anweisungen für die Gruppenarbeit:
Verteilt untereinander die Rollen Erzähler – Gott – Eli – Samuel und lest so den Text nochmals. Diskutiert anschließend folgende Fragen:
• Wie hat dieses Lesen auf mich gewirkt?
• Habe ich anders oder anderes gehört?
• Was sagt der Text über den Ruf Gottes aus?
Haltet eure Gedanken zum Ruf Gottes nach dem Muster „Der Ruf Gottes ist (für mich) ..." auf einem Papierstreifen fest.
Auf einem zweiten Textblatt ist 1 Sam 3,11-18 abgedruckt.

Der Text erklingt im Dunkeln
Die Leitung weist darauf hin, dass der erste Teil des Textes in der Nacht, im Dunkeln spielt. Sie benennt den Ort der Handlung: den Tempel Gottes in Schilo mit der Bundeslade und die handelnden Personen: den Priester Eli und seinen Schüler Samuel. Evtl. weist sie kurz auf die Vor-

geschichte Samuels mit seiner Mutter Hanna hin. Diese Einführung soll Sicherheit schaffen und es den Teilnehmenden erleichtern, sich die Textlesung mit verbundenen Augen anzuhören. Die verwendeten Tücher müssen nicht ganz für Dunkelheit sorgen. Sie sollen möglichst farbig sein, weil mit ihnen anschließend die Gestaltung der Mitte beginnt.
Die Textlesung wird von vier Personen durchgeführt, die jeweils eine Rolle lesen: Erzähler, Gott, Samuel, Eli. Einige Teilnehmende werden vor Beginn der Bibelarbeit für das Lesen angefragt. Alle Rollen außer dem Erzähler – der von der Leitung gelesen werden kann – haben relativ wenig und einfachen Text. Die Lesenden stellen sich außerhalb des Stuhlkreises in die vier Ecken des Raumes und lesen von dort.

Der Ruf Gottes
Nachdem der Text beim ersten Mal im Dunkeln und von außen erklang, geschieht jetzt eine Aneignung durch die Übernahme einer Rolle im Text. Der Text – und damit der Ruf Gottes – kommen näher. Die veränderten Bedingungen sorgen für eine veränderte Wahrnehmung. Das Gespräch in der Kleingruppe lässt Zeit für den Austausch über diese Wahrnehmungen und soll schließlich zu einer persönlichen Auseinandersetzung mit dem „Ruf Gottes" führen. Den Gruppen wird das erste Textblatt mit Arbeitsanweisungen mitgegeben.
Im anschließenden Plenum werden diese Gedanken vorgelesen und die Papierstreifen in die Mitte auf die Tücher gelegt. Es gibt die Möglichkeit zu Rückfragen und Bemerkungen, aber keine größere Diskussion.

Hören, sodass die Ohren gellen
Aus aktuellen Tageszeitungen sind 15-20 Schlagzeilen herausgesucht worden, die von Ereignissen berichten, von denen heute die Ohren gellen können.
Es geht hier nicht darum, eine bestimmte politische Position zu vertreten, sondern eine Vielfalt von erschreckenden und gewaltsamen Ereignissen aus unterschiedlichen Lebensbereichen abzubilden. Die Schlagzeilen werden von den gleichen vier Personen wie bei der ersten Textlesung wiederum von den vier Ecken des Raumes aus im Wechsel vorgelesen. Darüber findet zunächst kein Austausch statt. Erst nachdem der Bibeltext 1 Sam 3,11-18 versweise reihum gelesen wurde, wird im Plenum über all das Gehörte gesprochen. Dabei ist Raum auch für Verständnisfragen zum Text. Zentrale Aufgabe der Leitung ist es, den Bezug zu Vers 11 herzustellen: Was gellt von den Zeitungsschlagzeilen bzw. vom Bibeltext her in euren Ohren?

Das Wort „gellen" kann ganz unterschiedlich verstanden werden. Ein Austausch über die verschiedenen Verstehensweisen ist sinnvoll. Es geht dabei nicht darum, sich auf eine Bedeutung zu einigen. Die Bedeutungsvielfalt soll im Wort mitklingen.

Hier bin ich
Bei diesem Schritt geht es darum, dass die Teilnehmenden das bisher Gehörte und Besprochene mit ihrer persönlichen Situation in Verbindung bringen können. Dabei gilt es wahrzunehmen, was die Beschäftigung mit dem Bibeltext an Gedanken und Gefühlen heute und hier auslöst. Das Leitwort dazu stammt aus dem Text selbst. Fünfmal spricht Samuel: „Hier bin ich." Die Teilnehmenden werden eingeladen, sich zu fragen, mit welchen Gedanken und Gefühlen sie jetzt hier sind. Dem soll Raum gegeben werden. Es findet Ausdruck in dem Gefäß, das die Teilnehmenden aus dem Ton modellieren. Gleichzeitig bekommen die Gedanken und Gefühle dadurch eine Form und werden zu einem Gegenüber, mit dem man sich auseinandersetzen kann.
Mit dem Hinweis auf Vers 3 („Die Lampe Gottes war noch nicht erloschen") wird eine Kerze angezündet und in die Mitte gestellt. Farbige Kartons sind vorbereitet, auf denen die Teilnehmenden ihre Gefäße in die Mitte stellen können. Es ergibt sich ein Gesamtbild mit Kerze, Gefäßen, Papierstreifen, Tüchern. Die Leitung lädt zu einer kurzen Stille ein, die mit dem Ton einer Klangschale begonnen und beendet wird. Danach besteht Gelegenheit, etwas ins Wort zu bringen. Dabei geht es nicht darum, im Detail das eigene Gefäß zu beschreiben, sondern vielmehr, die Wirkung des entstandenen Gesamtbildes mit dem Ort des eigenen Gefäßes darin zu kommentieren.
Die Erfahrung hat gezeigt, dass das Gesamtbild der Mitte eher „schön" und „versöhnlich" wirkt, während Worte am Schluss noch einmal die Spannungen und Widerstände gegen das Gehörte ausdrücken.
Der Hinweis, dass die Gefäße mit nach Hause genommen werden können, soll erst ganz zum Schluss erfolgen. Sonst besteht die Gefahr, dass die Gefäße (unbewusst) „schöner" werden und unangenehmere Gefühle weniger darin Platz finden.

Gedanken und Informationen zu 1 Sam 3,1-18

Eine Botschaft, von der die Ohren gellen
Oft werden von diesem Text, der in vielen Bibelausgaben als Berufungsgeschichte Samuels bezeichnet wird, nur die Verse 1-10 wahrgenommen. Die Figur des Samuel steht (neben Gott) im Zentrum, Eli tritt in den Hintergrund. Außerdem rückt die besondere Form, wie Samuel den Ruf JHWHs vernimmt, in den Mittelpunkt des Geschehens. Der Inhalt der Botschaft Gottes fällt weg, obwohl doch die Rede davon ist, dass „jedem, der davon hört, beide Ohren gellen" (Vers 11). Das hat wohl auch damit zu tun, dass die Botschaft, die dem Ruf JHWHs folgt, für Eli und seine Familie schreckliche Konsequenzen beinhaltet. Die Ankündigung Gottes löst Fragen und Widerstände aus. Wir wollen deshalb in dieser Bibelarbeit den zweiten Teil des Textes (Verse 11-18) bewusst nicht ausklammern.

Das Buch Samuel handelt von einer Wende in der Geschichte des Volkes Israel: vom Übergang aus der alten Regierungsform der Richter zur neuen Form des Königtums. Diese historische Wende ging nicht reibungslos vor sich. Das Buch Samuel schildert die beteiligten Führungsfiguren als Menschen mit ihren Fehlern und Schwächen. Eli und Samuel sind die letzten Richter, ihnen folgen die ersten Könige Saul und David. Sowohl Samuel wie David sind nicht durch Erbrecht designierte Nachfolger, sondern werden als Junge berufen und wachsen im Kontakt mit ihren Vorgängern in ihre Führungsaufgabe hinein. Dass sie zu dieser berufen werden, hat jeweils auch damit zu tun, dass sowohl Eli wie Saul die Gnade JHWHs wieder verlieren.

Ort, Zeit und handelnde Personen
Die Geschichte spielt im Tempel von Schilo, das südlich von Sichem im Gebiet des Stammes Efraim liegt. Der Ort hat eine lange, vorisraelitische Tradition als Kultstätte. Am Ende der Richterzeit, die unser Text beschreibt, erreicht Schilo den Höhepunkt seiner Bedeutung als überregionales Heiligtum, in dessen Tempel die Bundeslade steht. Die Lade spielt vor allem in der vor- und frühstaatlichen Zeit Israels eine wichtige Rolle als mobiler Wohnsitz Gottes. Sie geht also wohl letztlich zurück auf eine nomadische Kultur und ist später Kultobjekt in einer noch nicht zentralisierten Gesellschaft, in der verschiedene Lebensformen, sesshafte und nomadische, nebeneinander existieren.

Als Hauptheiligtum der Efraimiter hat die Lade besonders in den Nordstämmen eine Bedeutung für das Opfer und den Krieg (vgl. 1 Sam 4). Israelitinnen und Israeliten aus verschiedenen Stämmen pilgern regelmäßig nach Schilo, um ihre Opfer darzubringen (vgl. 1 Sam 1,3; 2,12-16). Zur weiteren Ausstattung des Tempels in Schilo gehört die Lampe Gottes, wohl eine Art „ewiges Licht" in Form einer Öllampe (vgl. Ex 25,31-40; Lev 24,1-4; Num 8,1-4). Der Tempel von Schilo wurde später von den Philistern zerstört (1 Sam 4, vgl. Ps 78,60). Mit Schilo sind in den ersten Kapiteln des ersten Samuelbuches vermutlich verschiedene Erzählkreise (Samuelstraditionen, Geschichte der Familie Elis, Erzählungen zur Bundeslade) zu einer Einheit zusammengefügt worden.

Samuel wird als kleines Kind von seiner Mutter Hanna zum Priester Eli in den Tempel von Schilo gebracht, wohl um dort für den Tempeldienst ausgebildet zu werden (1 Sam 2,11). Damit löst Hanna ein entsprechendes Gelübde ein, das sie einst vor JHWH aus Verzweiflung wegen ihrer langjährigen Kinderlosigkeit abgelegt hat (vgl. 1 Sam 1,1-2,11). Wie alt Samuel zu Beginn unseres Textes genau ist, lässt sich nicht rekonstruieren, er wird aber als „jung" (Vers 1) und als „Knabe" (Vers 8) bezeichnet.

Die Schuld des Hauses Eli
Die Verse 12-14 sprechen von der Schuld des Hauses Eli und von JHWHs Drohungen bzw. Ankündigungen, welche Folgen diese Schuld nach sich ziehen wird. Was damit genauer gemeint ist, wird in 1 Sam 2,12-17.22-25 erzählt. Den beiden Söhnen Elis, Hofni und Pinhas, die wie ihr Vater als Priester im Tempel amtieren (1 Sam 1,3), werden zwei Vergehen vorgeworfen: einerseits ein Verstoß gegen die Regeln beim Schlachtopfer (1 Sam 2,12-17) und andererseits der sexuelle Verkehr mit Frauen, die vor dem Offenbarungszelt Dienst tun (1 Sam 2,22). Eli selber weiß um die Übertretungen seiner Söhne, stellt sie gar zur Rede, jedoch ohne Erfolg (1 Sam 2,23-25). Aus heutiger Sicht würden wir die Vergehen der Söhne Elis wohl als weniger schwerwiegend bewerten. Vielleicht ist der Vorwurf der sexuellen Vergehen bereits eine spätere Einfügung in den Text, weil das eigentliche Vergehen nicht mehr so recht verständlich zu machen war. Für den Text ist die Grundeinschätzung der Söhne Elis entscheidend. In 1 Sam 2,12 werden sie als „nichtsnutzig" (Einheitsübersetzung) bezeichnet. Die Bibel in gerechter Sprache nennt sie „skrupellos" und kommt so dem hebräischen Ausdruck näher, der Schlechtigkeit, Bosheit, Verderbtheit bedeutet.

In 1 Sam 2,27-36 tritt ein anonymer Gottesmann auf, der Eli in der typischen Schelt- und Drohrede eines Propheten das Verhalten seiner Söhne und sein eigenes mangelndes Eintreten für JHWH vorhält. Die Heilszusage für das Haus Elis als priesterlichem Nachfahren Aarons wird zurückgenommen und das gewaltsame Aussterben der Familie angekündigt. Als Zeichen dafür soll der baldige Tod der beiden Söhne dienen, was dann auch tatsächlich im Rahmen der verlorenen Schlacht gegen die Philister eintritt (1 Sam 4,11). Darüber hinaus, so der Gottesmann weiter, wird ein neues Priestergeschlecht eingesetzt werden, womit schon hier die Erzählungen über das Wirken und die Bedeutung Zadoks und seiner Nachkommen anklingt, die im zweiten Samuelbuch und im ersten Königsbuch ausgeführt werden. Die Gottesrede an Samuel nimmt die Ankündigung des Unheils über das Haus Eli zusammenfassend wieder auf. Dabei wird Elis Mitwissen und somit auch seine Mitverantwortung besonders betont (Vers 13). Die Prophezeiung steht stark im Kontrast zum durchaus positiven Bild von Eli, der vor Samuel versteht, was der nächtliche Ruf zu bedeuten hat. Auch Elis Alter und Gebrechlichkeit mildern das Urteil nicht. Jede Sühne durch Opfer und Gaben wird „in Ewigkeit" ausgeschlossen (Vers 14). So erstaunt es nicht, dass bereits im nächsten Kapitel der jähe Tod Elis geschildert wird: Bestürzt über die Nachricht vom Raub der Bundeslade durch die Philister, fällt Eli vom Stuhl und bricht sich das Genick (1 Sam 4,18).

Der Ruf Gottes und seine Konsequenzen
Die Verse 1-3 unseres Textes erwähnen mehrfach eingeschränkte visuelle Fähigkeiten: „Schauungen/Visionen" waren damals nicht häufig, Elis Augen waren schwach geworden und Samuel schläft. Die Geschichte bis Vers 14 spielt in der Nacht, wohl bei weitgehender Dunkelheit. Einzig die Lampe Gottes (vgl. Ex 27,20-21) sorgt noch für etwas Licht. Die zusätzliche Notiz in Vers 1, dass auch Worte JHWHs in jenen Tagen selten waren, steigert das Spannungsmoment im Blick auf den Verlauf der Geschichte. Dass der Ort der Erzählung im Tempel situiert ist, wo sich die Lade Gottes befindet, wird eher beiläufig erwähnt (Vers 3), obwohl Letztere im Fortgang der Samuelbücher eine zentrale Rolle erhalten wird. Der Hinweis macht jedoch deutlich, dass Samuel nicht irgendwo schläft, sondern dort, wo die Lade in besonderer Weise die Anwesenheit Gottes repräsentiert. Bereits Mose hatte jeweils die Stimme Gottes von der Deckelplatte der Lade her vernommen (Ex 25,22 und Num 7,89).
Der erzählerische Kontext steckt so mit deutlichen Signalen den Rahmen für das weitere Geschehen ab, das durch den Ruf Gottes an Samuel und seine Botschaft für ihn und Eli geprägt ist.
In den Versen 4-10 fällt das mehrmalige Vorkommen des Wortes „rufen" auf (11-mal). Statt des Sehsinns wird offenbar die Fähigkeit, zu hören und das Gehörte richtig zu deuten, entscheidend. Der Ruf Gottes erreicht Samuel im Verborgenen, in der Dunkelheit und der Stille der Nacht. Störende Einflüsse von außen, welche die Wahrnehmung beeinträchtigen,

können in dieser Szenerie ausgeschlossen werden. Dennoch vermag Samuel die Stimme nicht unmittelbar einzuordnen, da er JHWH noch nicht kennt (Vers 7). Durch die Verzögerung aufgrund der dreimaligen Fehlinterpretation der Auditionen wird erzähltechnisch die Prozesshaftigkeit verdeutlicht, die dem Erkennen der Stimme Gottes und dem Begreifen der damit verbundenen Botschaft zugrunde liegen kann. Theologisch wird dieses intime Hinhören, die Sensibilisierung auf die Anrede Gottes, welche die je eigene Bestimmung und Lebensausrichtung erschließt, mit dem Begriff „Berufung" umschrieben. Samuels Berufung steht jedoch schon zu Beginn unter einem anderen Stern als vergleichbare biblische Berufungserzählungen, da sie für Samuels nächste Bezugsperson vernichtende Konsequenzen hat.

Der Text verknüpft die Berufung Samuels und damit dessen Legitimation, Aufstieg und Anerkennung als Prophet JHWHs (vgl. 1 Sam 3,20) mit dem Untergang des Hauses Eli. Das die beiden unterschiedlichen Schicksale verbindende Element ist die Botschaft, die Gott Samuel kundtut. Artikuliert die Botschaft vielleicht, was sich Eli eigentlich schon seit Langem bewusst ist: Dass nämlich Teilnahms- und Tatenlosigkeit angesichts ungerechter (skrupelloser und verderblicher) Handlungen und Strukturen vernichtende Folgen haben kann? Eli, der ansonsten unbescholtene Priester am Heiligtum in Schilo, verkörpert diese fatale Haltung geradezu. Angesichts des angedrohten Unheils übernimmt er aber dann die Verantwortung und überlässt sich in seinem selbst verschuldeten Schicksal uneingeschränkt JHWH.

Literatur

BAR-EFRAT, S., Das Erste Buch Samuel, Stuttgart 2007.
DREWERMANN, E., Das Königreich Gottes in unserer Seele. Predigten über die Bücher Samuel und Könige, München 1996.
SCHROER, S., Die Samuelbücher (Neuer Stuttgarter Kommentar 7), Stuttgart 1992.
ZENGER, E. (Hrsg.), Stuttgarter Altes Testament. Einheitsübersetzung mit Kommentar und Lexikon, Stuttgart 2004.

Weiterführende Literatur

Kommentare zu den einzelnen Texten sind jeweils am Ende der Bibelarbeiten aufgeführt.

Träume in Bibel und Antike

DREWERMANN, E., Tiefenpsychologie und Exegese, Band I, Olten 1984.
EHRLICH, E.L., Der Traum im Alten Testament, Berlin 1953.
FRENSCHKOWSKI, M., Traum und Traumdeutung im Matthäusevangelium. In: Jahrbuch für Antike und Christentum (Jahrgang 41), Münster 1998, S. 5-47.
FRENSCHKOWSKI, M., Art. „Traum", in: TRE Band 34, Berlin/New York 2002, S. 28-47.
HARK, H., Der Traum als Gottes vergessene Sprache, Olten 1982.
LANCKAU, J., Der Herr der Träume, Zürich 2006.
NÄF, B., Traum und Traumdeutung im Altertum, Darmstadt 2004.
SEYBOLD, K., Der Traum in der Bibel. In: WAGNER-SIMON, T./BENEDETTI, G. (Hrsg.), Traum und Träumen, Göttingen 1984, S. 32-54.
TRÄUME IN DER BIBEL, Bibel heute 122 (2/1995).

Träume

FREUD, S., Die Traumdeutung (1900), in: Studienausgabe, Band 2, Frankfurt 1972.
FROMM, E., Märchen, Mythen, Träume, Hamburg 1981 (engl. Original 1951).
HOLZINGER, B., Anleitung zum Träumen, Stuttgart 2007.
JUNG, C. G., Traum und Traumdeutung, München 2008^3 (enthält verschiedene Schriften aus den Jahren 1916-1961).
KAST, V., Träume. Die geheimnisvolle Sprache des Unbewussten, Düsseldorf 2006^3.
SCHELLENBAUM, P., Träum dich wach, Hamburg 1998.
SCHREDL, M., Traum, München 2008.

Methodisches

GALLLING, K. (Hrsg.), Biblisches Reallexikon, Tübingen 1977^2.
HUCK-SCHADE, J. M., Neue kreative Wege im Seminar, Weinheim/Basel 1999.

Autorinnen und Autoren

Folgende Personen haben über die Mitarbeit in der Projektgruppe hinaus an diesem Buch mitgeschrieben:

Thomas Bär, Pfarrer und dipl. Erwachsenenbildner, Leiter der Abteilung Kurse bei Caritas Zürich.

Dieter Bauer, Theologe und Erwachsenenbildner, Leiter der Bibelpastoralen Arbeitsstelle des Schweizerischen Katholischen Bibelwerks in Zürich.

Katharina Funk, Erwachsenenbildnerin und Psychodramaleiterin, Brütten/Zürich.

Verena Hartmann-Roffler, Erwachsenenbildnerin, Chur/Graubünden.

Hanspeter Köhle, Theologe (THC/3. BW.), dipl. psychologischer Berater PNA, Wittenbach/St. Gallen.

Thomas Portmann, Theologe, wissenschaftlicher Assistent im Fachbereich Neutestamentliche Exegese an der Universität Luzern.

Brigitte Schäfer, Theologin und Sozialwissenschaftlerin, Projektleiterin der wtb-Projekte Erwachsenenbildung der ev.-ref. Kirchen der Deutschschweiz.

Klaus Sorgo-Flury, Elternbildner, Publizist und Hausmann, Mönchaltorf/Zürich.

Regina Strubel, Religionslehrerin und Erwachsenenbildnerin, Küsnacht/Zürich.

Peter Zürn, Theologe, Pädagoge und Familienmann, Mitarbeiter der Bibelpastoralen Arbeitsstelle des Schweizerischen Katholischen Bibelwerks, Zürich.

Buchreihe WERKSTATTBIBEL

Band 1   Jesus im Alltag begegnen. Lebenssinn und Lebensstil nach Lukas
Methodischer Schwerpunkt: Bibelarbeit mit allen Sinnen

Band 2   Vom Klagen zum Jubeln. Psalmen und ihre bewegende Kraft
Methodischer Schwerpunkt: Kreative Arbeit mit Bildern

Band 3   Sehnsucht nach Gerechtigkeit. Denken und Handeln nach dem Buch der Weisheit
Methodischer Schwerpunkt: Gesichter

Band 4   Zwischen Himmel und Erde. Berge als Orte der Gottesbegegnung
Methodischer Schwerpunkt: Bibliodramatische Elemente

Band 5   Prophetinnen–Apostelinnen–Diakoninnen. Frauen in paulinischen Gemeinden
Methodischer Schwerpunkt: Szenisches Darstellen

Band 6   Wenn Gott sich ändert. Dynamische Gottesvorstellungen im Alten und Neuen Testament
Methodischer Schwerpunkt: Arbeit mit Klängen

Band 7   Erde und Licht. Mit dem Johannesevangelium auf den Spuren unserer Lebenswünsche
Methodischer Schwerpunkt: Wandlungsrituale

Band 8   Gestaltete Lebensräume. Gärten als Orte der Verwandlung
Methodischer Schwerpunkt: Legematerial

Band 9   Auf krummen und geraden Wegen. Biblische Familiengeschichten erzählen
Methodischer Schwerpunkt: Freies Erzählen

Band 10   Gottes Wort schafft Leben. Die Gestaltungskraft der Sprache in der Bibel
Methodischer Schwerpunkt: Kreative Wortmethoden

Band 11   Im Kraftfeld des Geistes. Biblische Spiritualität
Methodischer Schwerpunkt: Arbeit mit Textilien

Band 12   Erinnern und erzählen. Das Markus-Evangelium in- und auswendig lernen
Methodischer Schwerpunkt: Mnemotechniken

Eine Übersicht über die Texte aller Bibelarbeiten der ganzen Reihe findet sich auf http://www.wtb.ref.ch.